Fidel Molina Ortega

Una residencia con mucho sentido

Fidel Molina Ortega

Una residencia con mucho sentido

Logoterapia aplicada al trabajo en Residencia de personas mayores y personas con deterioro cognitivo

CREDO EDICIONES

Imprint

Cover image: www.ingimage.com

Publisher:
CREDO EDICIONES
is a trademark of
International Book Market Service Ltd., member of OmniScriptum Publishing Group
17 Meldrum Street, Beau Bassin 71504, Mauritius

Printed at: see last page
ISBN: 978-620-2-47877-9

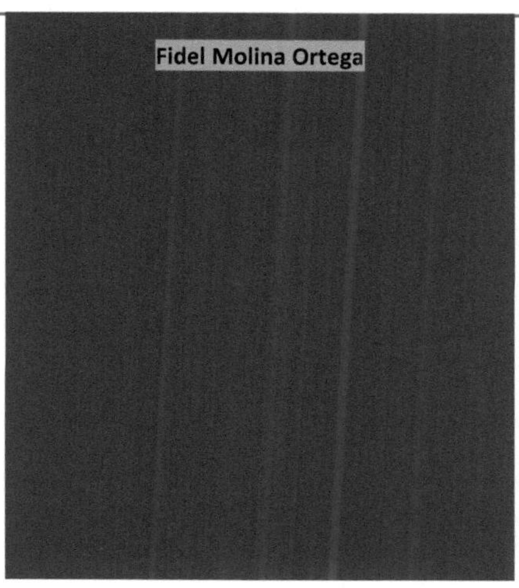

"UNA RESIDENCIA CON MUCHO SENTIDO"

Logoterapia aplicada al trabajo en Residencia de personas mayores y personas con deterioro cognitivo

"UNA RESIDENCIA CON MUCHO SENTIDO"

Viktor Frankl., 1905-1997, médico neurólogo y psiquiatra; es el fundador de la Logoterapia, que es la terapia del sentido, significado y propósito de la vida.

Durante toda mi historia he ido aprendiendo la importancia de la logoterapia e intentado unirla a mi vida. Por ello, este trabajo pretende ser una fusión de lo aprendido y mi experiencia.

Trabajo como administrador en una Residencia de ancianos.

Además, desde hace más de 10 años, ejerzo la encomienda diocesana como Diacono Permanente en la Unidad Pastoral del Casco Histórico de Vitoria. Allí lo hago, coordinando un programa de atención (al que llamamos Berakah) para personas que viven en situación de marginación. En este programa y en una de sus acciones que llamamos "No te sientas solo" atendemos a personas mayores que viven en soledad.

Estas dos pequeñas pinceladas de lo que me ocupa en la vida, junto a mi servicio con el Centro de Escucha que tenemos en el citado programa solidario y mi acompañamiento, durante años, a jóvenes, van haciendo que las puertas de mi vida se vayan abriendo a lo que es y significa para mí la logoterapia.

No tengo ninguna duda de que si queremos potenciar la dignidad en la vida de muchas personas es urgente que nos adentremos en lo que es y aporta la logoterapia.

Conocer el mundo de las Residencias de ancianos ha sido y está siendo, para mí, un regalo en cuanto a oportunidad de crecimiento personal a todos los niveles. El contacto con grandes profesionales, con gran vocación al servicio con la persona mayor, llamados a cuidar al que está en peor situación, el conocer la historia de vida de muchos residentes, el ser testigo de su proceso de deterioro, el ver lo que hacen cada día... me deja claro que la residencia es uno de los espacios donde es fundamental y urgente que nos coloquemos como acompañantes en la búsqueda de sentido.

"Con estos "pobres" qué vamos a hacer...No protestan, no piden nada. Por las tardes los tenemos en esta sala. Desde aquí ven un bonito paisaje. Les acostamos pronto y así el día se les hace más corto y menos pesado" Esto me decía una auxiliar de enfermería en una visita mía a una residencia.

¿Cuántas horas sin saber qué hacer con los residentes con avanzado Alzheimer? ¿Cuántas veces pensamos que el día es demasiado largo para una persona que tiene una avanzada demencia? ¿Cuántos ratos dedicados a mirar por mirar la televisión, o un paisaje,....?

Ante esta realidad debemos tener en cuenta lo que la logoterapia nos va a ir diciendo.

Cuando he cursado el postgrado de especialización universitaria en gestión de residencias y otros servicios para personas mayores (Universidad Pere Tarres), lejos de olvidarme del tema, me he ido reafirmando en la necesidad de introducir esta escuela en nuestras residencias y sobretodo abordarla con las personas que son más vulnerables y que tienen un deterioro cognitivo avanzado.

En este camino he ido descubriendo que el tema no es nada fácil. No hay mucho material publicado sobre la ayuda a buscar sentido en procesos de deterioro cognitivo, porque seguramente no hay mucho camino avanzando. Lo cual, lejos de desmotivar, hace que se convierta en un reto y que haga más necesario su estudio.

Con este trabajo, pretendo, lo primero, aprender mucho más de lo que ha sido y es la logoterapia. Lo segundo es compartir una reflexión de como la podemos aplicar a aquellos residentes que están en una situación de deterioro cognitivo avanzado, con una demencia severa. Lo tercero es abrir un camino a la creatividad de todos los que nos dedicamos a este servicio y que sirva de motivación para que vayamos generando nuevas acciones que les ayuden a encontrar sentido en la vida de nuestros residentes y sus familiares. Lo cuarto es ofrecer pistas para que mis compañeros/as, trabajadores de las residencias, y yo mismo, vayamos descubriendo y redescubriendo el sentido en nuestra tarea, el para qué de nuestro día a día en la residencia.

El recorrido que voy a hacer comienza analizando los datos de nuestras residencias, lo que nos dice la estadística de como son los residentes. Seguidamente quiero pararme en la reflexión de cómo somos los humanos. Esta sería la primera parte, la de análisis, la que nos va a situar delante de la realidad que nos ocupa.

Seguidamente, como premisa importante para cualquier trabajo con personas y complemento de la logoterapia, abordaré (muy resumidamente) lo que es la “Atención Centrada en la Persona” y la importancia que tiene en todo esto “la Historia de Vida”.

Llegado a este punto, estaremos en disposición de comenzar a definir que es la Logoterapia y si realmente es una respuesta necesaria a la realidad que nos ocupa.

Desde aquí compartiré algunas acciones concretas que ya se están desarrollando y que pretenden ayudar a encontrar sentido. Lo haré, clasificándolas en función de la fase de deterioro cognitivo que la persona pueda tener. También lo haré pensando en las familias. Seguidamente hablaremos del sentido en el final de la vida.

Mi entorno es el "vicenciano": De San Vicente, de Sta Luisa y de las Hijas de la Caridad he aprendido mucho en mi servicio a los más empobrecidos. Por ello, no puedo, ni quiero, dejar de compartir un pequeño apartado, analizando brevemente lo que tiene que ver la logoterapia con S. Vicente de Paul y su misión.

Terminaré subrayando mi convencimiento inicial: Este tipo de abordaje es cosa de todos y para todos, y los empleados necesitamos cultivar ciertas actitudes necesarias para ello.

Una vez terminado, tengo la sensación de recoger muy poco de todo lo que la logoterapia nos puede decir. Han sido muchos libros y artículos leídos para la elaboración de este trabajo y estas páginas se me hacen escasas para el inmenso mundo que se nos abre y nos queda por indagar. Creo que solo he conseguido un "aperitivo", un "abrir el apetito".

Por mi parte, me queda claro que el camino acaba de comenzar, y que debo seguir formándome y aprendiendo, a la vez que compartiendo y animando a otros a que lo hagan.

Durante todo el trabajo y reflexión, me he ido apoyado en testimonios que he ido recogiendo durante estos años. Sencillos y llenos de luz.

Gracias a todos los que me habéis acompañado durante la vida, animado en este trabajo e ilusionado conmigo, y sobretodo, gracias a todos los que habéis confiado en mí para ser acompañados en la vida.

Cuando no pueda más, cuando tiemble mi luz,
cuando el tiempo de siembra se acabe.
cuando llegue el final, cuando vuelva el azul,
Donde todo empezó para mí.
Cuando agote mi voz, cuando no pueda ir,
porque todas las fuerzas gasté en concluir
una sola canción, una estrofa sin fin
Que hace tiempo empecé para ti.
Cuando olvide quien soy
Cuando no tenga edad
Cuando un viento implacable me impida avanzar
Cuando no encuentre a Dios
Cuando dude de mí
Cuando pierda la fe
Cuando crea morir
Cuando falte el color, cuando toda sea gris
Cuando esconda mi rostro a los hombres
Cuando rompa a llorar, ante la multitud
y en silencio regrese a mi hogar
Cuando elija parar, aunque ansíe seguir
Cuando caiga el telón de los sueños
Cuando llegue hasta el mar, a su inmensa quietud
Cuando no pueda más...VENDRÁS TÚ

Canción "Cuando no pueda más" de Luis Guitarra (CD A la intemperie 2014)

INDICE

"Soy Purificación, tengo 76 años. Viuda desde hace más de 30 años. He sido operada dos veces a corazón abierto. Mi cuerpo vive gracias a tres válvulas que me han colocado. Todo esto ha derivado en muchas enfermedades añadidas. Solo tengo un hijo y es muy difícil que pueda estar pendiente de mis cosas. Así que he pensado que donde mejor puedo estar es en una residencia. Creo que ha llegado el momento..." [1]

"Cada vez se vive más años, pero en peores condiciones".

La realidad que tenemos.

En muchas conversaciones de cafetería se oye el típico comentario de "cada vez vivimos más años, pero con menos calidad de vida...".

Esta afirmación está sustentada, no solo en una impresión de muchos, sino en datos que nos desvelan la cercanía de lo intuido con la realidad.

Si revisamos los más recientes estudios estadísticos podemos ver como nuestro país sigue con su proceso de envejecimiento.

Según los datos del Padrón Continuo (INE)[2] a 1 de enero del 2015 hay 8.573.985 personas mayores de 65 años. Concretamente el 18,4% sobre el total de la población.

Si nos fijamos en los mayores de 80 años, vemos que también sigue creciendo. Ahora es el 5,8% de la población.

Y un dato importante. Si tenemos en cuenta la proyección del INE, en 2061 tendremos más de 16 millones de personas mayores, un 38,7 % de la población.

Así que no solo es que cada vez vivimos más años, es que de ahora en adelante, vamos a seguir incrementando el número de personas mayores.

1 Testimonio de una persona residente , durante el año 2016

2 Instituto Nacional de Estadística 2015. Datos del Padrón Continuo a 1 de Enero de 2015. Recuperado en www.ine.es

Castilla León, Asturias, Galicia, País Vasco, Aragón, Tarragona y Cantabria son las comunidades autónomas más envejecidas.

Otro dato significativo, en la actualidad, es que hay un 33% más de mujeres entre las personas mayores. Estas, con una esperanza de vida que se sitúa en 85,6 años y en 80,1 años para los hombres.[3] El envejecimiento es femenino.

La segunda parte de nuestra escuchada afirmación nos dice que "cada vez se vive peor".

Indudablemente hace referencia a que, junto a los años, nos llenamos de enfermedades crónicas, que nos aportan limitaciones y barreras para poder desenvolvernos en las labores de la vida ordinaria.

Un dato a tener en cuenta es que la principal causa de muerte entre los mayores está relacionada con enfermedades del aparato circulatorio, la segunda es el cáncer, y a distancia nos encontramos con la tercera: las enfermedades respiratorias.

Destaca que la cuarta y quinta causa son enfermedades de mentales y nerviosas y que estas, han subido mucho en los últimos diez años.

Enfermedades, todas ellas, muy unidas a patológica crónica, alargada en los años.

- **Y ¿cómo son estos años de la vida?**

A parte del estado de salud, otros factores nos pueden ayudar a completar la fotografía. Si miramos el perfil económico de nuestros mayores, nos encontramos con un total de 5,6 millones de pensiones de jubilación, y 2,4 millones de viudedad. En el año 2015, la pensión media del sistema es de 886,8 Euros mensuales. En el apartado de jubilación con una media de 1021,20 Euros al mes.[4]

Una cifra baja que marca un estilo de vida y obliga a tener unas opciones muy limitadas por el bajo poder adquisitivo. Una cantidad que tiene su repercusión directa en la decisión de utilizar un servicio residencial y que no la favorece.

---

3 Datos del Instituto Nacional de Estadística. Datos del Padrón Continuo a 1 de Enero de 2015. Recuperado en www.ine.es

4 Estudio elaborado por el Centro Superior de Investigaciones Sociológicas (CSIC), de la situación de las personas mayores en 2016. Informe de envejecimiento 2016.Un perfil de las personas mayores en España, 2016 Indicadores estadísticos básicos Antonio Abellán García y Rogelio Pujol Rodríguez Consejo Superior de Investigaciones Científicas (CSIC). Centro de Ciencias Humanas y Sociales (CCHS). Envejecimiento en red. Recuperado en www.envejecimiento.csic.es/documentos/enred-indicadoresbasicos16.pdf

Pero no solo nos tenemos que fijar en los ingresos. Para nuestros mayores el gasto fundamental es el mantenimiento de la vivienda. Esto ronda el 40 % de los gastos. El siguiente puesto es para la alimentación.

Aun así, a nivel general, la posición económica de los mayores ha mejorado relativamente en estos últimos años, su tasa de riesgo de pobreza se sitúa en 11,4, inferior al resto de los españoles, pero también es verdad que estamos ante unos ingresos que se mantienen en las personas mayores, y los demás han empeorado, por lo que, solo comparativamente, mejoran su situación.

Otro dato que nos puede ayudar en nuestra reflexión es que el 89,8 % de los mayores tienen la vivienda en propiedad.

La edad aumenta la posibilidad de vivir en soledad. Se ha observado en los últimos años un aumento de los hogares unipersonales en personas de más de 65 años. Un 22% de nuestros mayores viven solos. A este dato hay que añadir que un 50 % de nuestros mayores no tiene contacto con los hijos, todos o casi todos los días de la semana.

Enfermedad, limitaciones, pocos recursos económicos, soledad...son amenazas importantes en el día a día de muchos de nuestros mayores. Dificultades, que con total seguridad, son las que quiere sintetizar la segunda parte de nuestra frase.

- **Y ante esto..."creo que ha llegado el momento". La Residencia.**

En los últimos años estamos viendo un gran aumento de residencias, tanto en lo público como en lo privado. Sin embargo, a pesar de este incremento, aún no es suficiente para dar cobertura a la necesidad social. El ratio de plazas residenciales por cada 100 personas de más de 65 años es de 4,19. En Euskadi 4,30, y Araba 4,29, lugares donde está la residencia en donde trabajo.

En el año 2015, contábamos con 359.035 plazas residenciales en todo el estado. [5]

De las que 19.891 eran en Euskadi y 2.712 en Araba. Hablamos de un total de 5340 residencias (3803 privadas), 368 en Euskadi (273 privadas) y 75 en Araba (49 privadas). En todo esto subrayamos que un 72,6 % de las personas se encuentran en residencias privadas, 67,3 % en Euskadi y 52,3% en Araba.

---

5 Envejecimiento en red. Consejo Superior de Investigaciones Científicas (CSIC). Centro de Ciencias Humanas y Sociales (CCHS).2015. Datos estadísticos sobre residencias de junio de 2015: distribución de centros y plazas residenciales por provincia. Recuperado en www.envejecimiento.csic.es/documentos/enred-estadisticasresidencias2015.pdf

Este dato nos hace intuir que hay muchas personas que no pueden permitirse pagar un servicio privado de este tipo, y no tienen acceso a la cobertura limitada en la red pública.

Todos los estudios nos desvelan que en el grupo de mayores de 80 años es donde son más frecuentes las enfermedades que generan dependencia y que les empuja a ingresar en una residencia, ya que dificulta el apoyo y cuidado familiar en domicilio.

Por otra parte la familia también ha variado en los últimos años. Hay muchas que se pueden permitir no tener (normalmente papel asumido por mujeres, solo uno de cada diez es hombre) a alguien en el mercado laboral y cuidar de los ancianos. Pero hay otras muchas que no pueden hacerlo o no quieren renunciar a su vida laboral.

Por otro lado, los cuidados son, en muchos casos, complicados de dar y requieren la mano de un buen profesional. Las familias se ven en situaciones límite que les hace reclamar ayuda a las instituciones. Hoy por hoy, en muchos casos, son insuficientes los recursos de apoyo a los cuidadores-familiares que posibiliten que se siga en la vivienda sin necesidad de acudir a un centro residencial.

- Y ¿cómo saber cuándo "ha llegado el momento"?

No todo el mundo tiene la suerte de Purificación. Ella ha podido discernir y tomar una decisión. En muchos casos no es así.

En función de diversas variables, como el grado de protección social o el reparto del peso en la provisión de servicios entre el sector público y el privado, encontramos en Europa cuatro modelos diferenciados de Estado de Bienestar.

Modelo Nórdico (Dinamarca, Noruega, Suecia, Islandia, Finlandia)

Modelo Continental (Alemania, Austria, Francia, Bélgica, Holanda, Luxemburgo)

Modelo Anglosajón (Reino Unido, Irlanda)

Modelo Mediterráneo (España, Grecia, Italia, Portugal): caracterizado por un gasto social bajo, centrado en pensiones y por un mercado laboral muy rígido. Está muy marcado por características culturales como la presencia de la familia en la vida, que cubre ciertas necesidades que en otros modelos son cubiertas por el Estado, como cuidado de hijos o ancianos.

Este modelo nos marca la decisión de entrar en una residencia y nos hacen dudar de si "ha llegado o no el momento". Solo tenemos que echar un ojo a las prestaciones que tenemos en vigor destinadas a atender a personas mayores y que nos desvelan ciertos valores.

El 37,06% de las prestaciones son destinadas a sostener el cuidado de familiares [6], lo que nos subraya la apuesta por la familia (característica del modo de vivir de España) y donde también se deja ver el impacto del catolicismo.

El modelo familiar de las clases medias es la primera y más importante institución socializadora y un elemento clave en los procesos de integración social. La familia se convierte, en muchos casos, en llave para acceder a recursos sociales y es la estructura que da una seguridad y un sentido a la vida de muchas personas que no participan en el mundo laboral asalariado (amas de casa, jubilados, parados...)

La siguiente prestación más utilizada es la ayuda a domicilio, 15.86 %, que también puede ir muy unida a conservar el espacio familiar y a seguir manteniendo los hábitos y círculos sociales ordinarios hasta el final de la vida.

Por otra parte, no hay que olvidar que en España la mayor parte de las viviendas son en propiedad y esto hace que las personas tengamos mayores ataduras, a todos los niveles (emocional, económico, social...), para dejarla. Muy unido a este dato se ve el alto uso ,12.36 %, del servicio de teleasistencia, que hace posible seguir viviendo en su domicilio habitual y aumentar la seguridad de las personas mayores.

En definitiva, por una razón o por otra (el sistema de ayudas, el modelo de bienestar, la opción por la familia, los recursos socio-econmicos...), nos encontramos con que las familias por opción o por obligación, aguantan hasta el máximo, agotan todas las posibilidades y solamente cuando la situación es totalmente insostenible e incontrolable, deciden que “ha llegado el momento”.

Esto hace que la mayoría de los ingresos que se realizan en una Residencia sean de personas en un estado de salud bastante deteriorado. En muchos casos con importantes y avanzadas enfermedades neurodegenerativas (Demencia, Alzheimer...).

Sabemos que todo comienza por un deterioro cognitivo leve y de la memoria, que se asocia a factores de riesgo biológicos y ambientales. Los criterios de deterioro cognitivo leve fueron validados por Peterson en 1999. Este autor

6 Guía de ayudas sociales y servicios para las familias 2016. Actualizada a 6 de abril de 2016 COORDINACIÓN Y SUPERVISIÓN TÉCNICA: Dirección General de Servicios para la Familia y la Infancia Subdirección General de las Familias. Ministerio de Sanidad, Servicios sociales e igualdad.

realizó un estudio comparativo entre pacientes con Alzheimer [7], deterioro cognitivo leve y personas sanas. El estudio nos enseñó que los pacientes con deterioro cognitivo leve no tienen alteraciones significativas en los resultados en pruebas de memoria (aprender listas de palabras, párrafos, memoria semántica....) por debajo de 1,5 desviaciones estándar al valor esperado para la edad.

Por ello, aunque los estudios nos dicen [8] que un 30 % de la población mayor de 65 años están la fase deterioro cognitivo leve, en la mayoría de los casos, no se toma la decisión de utilizar un servicio residencial y socio-sanitario. Salvo que no existe un entorno familiar, se agotan todas las posibilidades.

Cuando las funciones cognitivas afectadas (la memoria, el lenguaje, las habilidades manuales -apraxia-, las funciones cerebrales de resolución de problemas o ejecución de acciones, y los rasgos de la personalidad) hacen imposible la comunicación, hay pérdida total de la memoria y de cuidar de sí mismo, y la persona es totalmente dependiente para las actividades básicas de la vida diaria, comenzamos a intuir que la situación es insostenible y nos supera.

- **De Asilo a Residencia. De Residencia a Espacio "Socio-Sanitario"**

Todavía prevalece en muchos la idea de antiguo "asilo". Hoy por hoy la Residencia pretende ser un "Hogar" para todos y soñamos con ser un espacio donde se pueda disfrutar de esta etapa de la vida.

En algunos casos es así.

Pero como he dicho antes, la mayoría de los ingresos son en estados muy avanzados de deterioro cognitivo y el peso del servicio socio-sanitario recae, por su necesidad, en mayor medida, en la parte sanitaria.

Esto puede crear tensión entre la convivencia de los dos perfiles (socio/sanitario). Los horarios, los ratios de personal, las actividades...pueden estar diseñados y dar respuesta a una realidad que desde hace unos años no existe (me refiero a personas autónomas, o con un deterioro cognitivo muy leve) y no abarcar la necesidad de la realidad que hoy por hoy nos ocupa.

7 Peterson R. 1999,Mild Cognitive Impaiment: Clinical Charaterization and outcome. Arch Neurol

8 Recuperado en http://www.madridsalud.es/centros/preguntas_respuestas_frecuentes_centro_dcognitivo.php

De todos es conocida la imagen de una persona mayor, en su silla de ruedas, y que, sin generar la menor de las protestas, pasa horas mirando hacia el mismo lugar. Su estado hace que no pueda participar en las actividades programadas y los cuidados se limitan a la higiene y la salud física.

No obstante, en los últimos años, se están dando pasos grandes en el cambio de este cuadro que acabo de describir. Pocas Residencias no abordan el deterioro cognitivo como un reto y crean respuestas llenas de ganas de generar calidad de vida. Pero nos queda mucho camino por recorrer. Nos encontramos con las Residencias llenas de personas con deterioro cognitivo elevado y esto lo debemos vivir como una oportunidad de crecimiento y un reto. Es urgente que caminemos en esta dirección.

Es verdad que los recursos materiales, humanos (al fin y al cabo, económicos) son limitados en el sector en que nos movemos. Las Residencias privadas sin ánimo de lucro buscan la auto sostenibilidad como un horizonte difícil de alcanzar, a la vez que pretenden llegar a las personas en peor estado y con menos recursos. Este escenario hace que nos movamos con poco margen para la investigación, para la inversión, y para la innovación.

- **En esta realidad... ¿encontramos sentido? ¿Lo necesita?**

El momento del ingreso en una Residencia, está lleno de dudas. Los familiares no saben si han acertado con la elección. La desconfianza y el miedo afloran en ellos.

Qué importante es, en este momento, una buena acogida, una detallada información y una atención personalizada.

Qué fundamental poder ayudar a que se llene de sentido este momento para las personas que depositan en nosotros su confianza.

El nuevo residente también necesita un buen protocolo de integración. El cambio de lugar, los nuevos espacios, el cambio de hábitos van a hacer que se sienta, cuando menos, desorientado y desubicado. Es importantísimo, llenar de contenido cada momento, y dar posibilidad de sentido al cambio de vida que ha supuesto llegar a la Residencia.

Pasada esa primera fase de integración nos encontramos con el día a día. Es importante que apliquemos el control de factores de riesgo cardiovascular, ya que está demostrado que su prevención anula un factor de riesgo para el deterioro cognitivo. Pero sobretodo, nos fijamos en que diferentes estudios nos demuestran que tanto la actividad recreativa como la ejercitación cognitiva disminuye el riego de desarrollar enfermedades con el Alzheimer y demencia. A mayor actividad menor riesgo.

Pero cuando afirmamos esto, ¿nos paramos a pensar qué tipo de actividad?.

Acaso, ¿todo vale? Y ¿todo vale para todos?.

Ni mucho menos.

La vida me ha dado la posibilidad de encontrarme en una Residencia con personas que he conocido en su vida activa. Recuerdo a Miguel, ganadero de una gran explotación vacuna en Álava. Hoy por hoy se encuentra en una Residencia. Tiene un deterioro cognitivo muy severo. Está en silla de ruedas y necesita ayuda para todas las actividades. Cuando le reconocí, le vi sentado enfrente de la televisión. Estaba mirando un programa de “cotilleo”. Enseguida pensé que aquella situación, para Miguel, no tenía sentido. ¡Que hubiéramos oído de él , si hubiéramos podido escucharle!.

Cuánta fuerza en la necesidad, adquiere el que trabajemos desde un modelo de “Atención Centrada en la Persona”.

Porque llegarán los días en que el empeoramiento se hará presente en la vida de Purificación. Y nos empujará a cambiar las formas, los métodos y los objetivos. Serán momentos que podemos vivir con incomodidad, pero también como oportunidad para responder a lo que nuestro Residente necesita.

Estoy convencido de que hasta el último momento de la vida se puede ayudar a que se encuentre el sentido y potenciar una dignidad mayor .

Es objetivo (EL SENTIDO) de este trabajo, poder compartir, no solo este convencimiento, sino reflexionar en el cómo lo podemos hacer.

"Mi nombre es Antonia, o Manuela o Lucia…qué más da. Estoy viviendo una etapa de mi Alzheimer muy avanzado. Dicen que solo me doy cuenta de las cosas en pequeños momentos del día. Quizás fue en unos de esos ratos, cuando me di cuenta que me tenían escuchando música moderna. Qué daño para mis oídos. ¡Hacerme eso a mí! Siempre me ha gustado la música de "verdad": Bach, Mozart…A mis alumnos del conservatorio siempre les decía que no perdiesen el tiempo con esta secuencia de ruidos que algunos llamaban música" [9]

Toda persona tiene su propia vida, particular y única. Su propia historia. En esto me detendré más adelante. A lo largo de los días vamos acumulando conocimientos y experiencias, que nos van haciendo. Es verdad que no somos solo nuestra historia. Pero esta es la llave para conocer lo que somos y porque lo somos. Si nos preguntamos por el sentido de la vida, nos topamos de frente con la historia de cada uno.

Qué importante es que sepamos releer la historia de las personas mayores, que sepamos analizar las consecuencias de los caminos elegidos en la vida y las repercusiones que van a tener en el futuro. Qué vital es montar el puzle, de las vivencias personales y comunitarias y saber predecir hacia donde tiene sentido que se vaya caminando.

Las Residencias son lugares donde nos podemos encontrar personas diferentes, muy diferentes, con historias de vida diferentes y por lo tanto con proyectos muy diferentes. Solo tenemos que echar un vistazo a nuestra sala de estar: Aquí tenemos a María, ha sido profesora en un colegio de niños durante más de 35 años. Al lado, se encuentra Manuel, pastor durante toda su vida, sin hijos, siempre ha vivido solo con sus ovejas. Al fondo, se encuentra Mario, militar, llegó a ser Comandante, estricto y acostumbrado a mandar y obedecer…y así podríamos seguir sin encontrar dos iguales.

9 Testimonio de una persona residente, en Diciembre del 2015. Manifestó el deseo de conservar su anonimato.

Una historia que se va elaborando a golpe de experiencias y vivencias y que se apoya en los rasgos esenciales de nuestra condición humana. Creo que es importante que nos detengamos a pensar cuales son los principales, ya que como nos dice Francesc Torralba "La cuestión del sentido solo puede iluminarse, con propiedad, desde la antropología.". [10]

ALGUNOS RASGOS ESENCIALES DE NUESTRO SER HOMBRE/MUJER:

DIEZ TESIS DE VIKTOR FRANKL:

Una de las características de Viktor Frankl es la saber la necesidad de apoyar todo tratamiento sobre la base de una adecuada concepción antropológica.

En su época solo se distinguía en el hombre un componente físico y otro psíquico. Esto no satisfacía a Frankl. Le parecía una manera reduccionista de entender al ser humano. No se podía obviar lo que definía al ser humano, su naturaleza espiritual. En esta línea desarrolla diez tesis[11], que nos ponen de manifiesto lo que piensa de la definición sobre la persona.

1. La persona es un in-dividuum, no se puede subdividir, ni escindir porque es una unidad.

2. La persona es una totalidad, no es sólo un in-dividuum, sino también un in-summabile. Esto quiere decir que no solamente no se puede partir sino que tampoco se puede agregar.

3. Cada persona es absolutamente un ser nuevo.

4. La persona es espiritual. La persona es un fin en sí mismo y no un medio; por eso, no le compete el tener un valor utilitario, sino el tener dignidad.

5. La persona es existencial.

Significa que la persona no es fáctica, no está basado en los hechos, ni pertenece a la facticidad, sino un ser facultativo, con posibilidad de cambio, que existe de acuerdo a su propia posibilidad para la cuál o contra la cuál puede decidirse. Ser hombre es ante todo ser profunda y finalmente responsable. En la responsabilidad se incluye el para qué de la libertad humana -aquello para lo que el hombre es libre-, en favor de qué o contra qué se decide. La persona no

10 Francesc Torralba, 2014 ,Pedagogía del Sentido , Editorial Educar

11 Frankl, V., 1988, La voluntad de sentido. Barcelona, Ed. Herder.

está determinada por sus instintos sino orientada hacia el sentido.

6. La persona es yoica, o sea no se halla bajo la dictadura del "ello", como sostenía Freud al afirmar que el "yo" no era dueño de su propia casa.

Tan clara es la libertad del yo que a la fe en Dios y a Dios mismo no se me arrastra sino que yo debo decidirme por El o contra El.

La religiosidad es del "yo", o no existe en absoluto.

7. La persona brinda unidad y totalidad, representa un punto de interacción, un cruce de tres niveles de existencia: lo físico, lo psíquico y lo espiritual.

8. La persona es dinámica y tiene capacidad de distanciarse y apartarse de lo psicofísico. Existir significa salirse de sí mismo y enfrentarse consigo mismo. Y eso lo hace la persona espiritual en cuanto que como persona espiritual se enfrenta a sí misma como organismo psicofísico.

9. El animal no es persona puesto que no es capaz de trascenderse y de enfrentarse a sí mismo. Del mismo modo que el animal desde su entorno no puede entender el mundo humano, el hombre tampoco puede aprehender el mundo superior, excepto por un intento de alcanzarlo, de presentirlo por la fe.

10. La persona no se comprende a sí misma sino desde el punto de vista de la trascendencia. Más que eso: el hombre es tal, sólo en la medida en que se comprende desde la trascendencia.

Con total seguridad que estas definiciones nos van a ayudar en el servicio a las personas mayores.

Pensemos e interioricemos lo que supone la persona como unidad y a la vez totalidad, un ser dueño de si, diferente y nuevo, un fin en si mismo y no un medio para conseguir nuestros objetivos, un ser que existe de acuerdo a su posibilidad, libre y por ello responsable, para nada determinado por sus instintos, y que representa la unión de lo psíquico, lo físico y lo espiritual, dispuesto y preparado para trascenderse y que desde la trascendencia se comprende. En nuestro servicio y trabajo en las residencia ¿tenemos presente estas definiciones?, ¿trabajamos desde la unidad y singularidad de la persona, o nos contentamos con hacer cosas iguales para todos?, ¿utilizamos a los residentes para cubrir nuestros objetivos o son ellos el fin último de nuestro trabajo?, ¿entendemos la persona como una suma de lo psíquico, lo físico y lo espiritual, o nos olvidamos de alguna de estas?, ¿potenciamos la trascendencia de las personas residencias o evitamos la relación y fomentamos la soledad?.

Esta definición de persona nos aporta mucho a la búsqueda de sentido. Es imposible hacerlo sin comunidad. No debemos olvidar que la persona se construye en el seno del encuentro con el otro y este es el terreno para dotar de sentido la vida. Un sentido que solo tiene razón entre las personas.

Desde mi experiencia debo subrayar lo importante que es, que tengamos en cuenta el desarrollo comunitario y la relación en la Residencia. Tengamos y hagamos un buen caldo de cultivo para que pueda manar el sentido.

LA PERSONA ES RACIONAL.

Cuantas veces definimos la persona como un ser racional. Aristóteles, siguiendo los pasos de Platón y Sócrates, definió al ser humano como un animal dotado de logos, de pensamiento capaz de indagar la realidad. Cierto es que la personas tenemos una poderosa herramienta a nuestra disposición para conocer el mundo y a nosotros mismos.

Cuando nos preguntamos por el sentido e intentamos encontrarlo en nuestra vida, respondemos utilizando la razón, y siempre intentamos dar respuesta llenas de lógica y coherencia. Por ello , como nos remarca Francesc Torralba, la razón y el sentido de las cosas de cada persona, van muy unidos. De esto no nos podemos olvidar.

LA PERSONA ES LIBERTAD

Solamente si la persona es libre puede tener sentido su vida. Si fuera limitado totalmente, no cabría proyecto personal propio, no cabría posibilidad alguna de llenar de sentido la vida.

En este apartado, en muchas ocasiones, nos vamos a encontrar con muchas limitaciones para alcanzar la libertad plena. Pero no se nos debe olvidar que esta libertad, para muchas de las personas de nuestras residencias, no existe (limitaciones físicas, mentales, sociales...), pero tampoco para los que no vivimos en la residencia y no tenemos tantos años (otras limitaciones psico-biosociales y espirituales). Por lo tanto, no caigamos en la tentación de entender la libertad como una totalidad, sin la que no se puede hacer nada. Esto sería ahogarnos en nuestra pobreza.

La persona libre es la que puede diseñar, con sus limitaciones, con ayuda (si la necesita) el sentido que para ella tiene la vida. Debe y puede construir una

---

15 Barth K.,1961 Dogmatique III Geneve, Labor & Fides

existencia que tenga sentido. En esto, nos va a tocar ser acompañantes de ello, e ir de la mano de muchas personas que tienen limitaciones de enfermedad, físicas y mentales para verbalizar. Lo cual, vuelvo a subrayar, no quieren decir que hayan perdido su plena libertad.

LA PERSONA ES IMAGINACION

Como nos dice S.Kierkegaard, la vida de cada ser es una obra de arte. Una obra de arte única e irrepetible, y que necesita la imaginación necesaria para ir creándose, como si de una bella vasija de barro se tratase. Construirla, dotarla de sentido, solo es posible desde la imaginación única de cada persona. La imaginación no tiene límites, construye sin límites, ideas y planes desde lo que encuentra en la memoria. La racionalidad dota a la imaginación de realidad, la regula. De lo que se trata es de mezclar en su justa medida, racionalidad e imaginación.

El conocer esta faceta de la persona, nos abre otra pista de reflexión. Muchas veces conocemos la historia de vida de nuestros residentes. Absolutamente necesario. Pero y sus sueños, ¿conocemos por qué caminos se movía su imaginación? ¿Sabríamos decir que es lo que se imaginaba durante su vida?

LA PERSONA ES COMUNICACIÓN

¿Quién tiene duda de ello? Desde el primer momento de nuestra existencia lo hacemos de una manera o de otra.

A lo largo de la vida nos comunicamos a través del lenguaje. Es importante que nos demos cuenta que cuando hablamos de lenguaje no solo lo hacemos de algo verbal. Este es, en muchas ocasiones, no verbal, la risa, el lloro, el gesto, la mirada, el tacto...Más adelante subrayaré la importancia y el valor inmenso de la escucha.

Entre los mayores, nos podemos encontrar personas con bastantes dificultades de expresión oral, pero con una gran necesidad de seguir siendo comunicación y expresar sus experiencias, sus emociones y sus deseos.

Y nosotros, ¿sabremos escuchar este tipo de comunicación no verbal? ¿Estamos preparados para ello?

Y vayamos un poco más lejos. El sentido se comunica, mucho mejor a través de gestos que de palabras. Todos comunicamos el sentido de nuestra vida, no tanto con un gran discurso, sino viviendo de una forma determinada. Ojala que sepamos escuchar los gestos de nuestros mayores y saber interpretar que tiene y que no tiene sentido en esa vida que nos lo quiere y necesita comunicar.

LA PERSONA ES TRASCENDENCIA.

"El hombre está siempre orientado y ordenado a algo que no es el mismo; ya sea un sentido que ha de cumplir, ya sea otro ser humano con el que se encuentra. En una u otra forma, el hecho de ser hombre apunta siempre más allá de uno mismo, y esta trascendencia constituye la esencia de la existencia humana" [16]

Tenemos la necesidad de ir mucho más allá de nosotros mismos y encontrar respuestas a preguntas que nos dejen claro: ¿de dónde venimos? , ¿a donde vamos?, ¿quién es el culpable de la vida y de nuestra vida?...

Entre las personas mayores, afloran con fuerza las preguntas por el Sentido Último de la vida, y tenemos la obligación de saber acompañar esta búsqueda de respuestas y la relación con la trascendencia de cada uno.

Que importante es que sepamos reservar espacios para posibilitar que los residentes puedan tener un encuentro personal con esta realidad trascendente, que muchos llamemos Dios, y que está apoyada en la religiosidad y creencias de cada uno. Que importante es que puedan sentir la respuesta a las preguntas sobre el sentido de la vida y el sentido del futuro que les espera. Pero ante esto, nuestras residencias, se llenan de actividades sin tiempo para el silencio y la interioridad. Por otro lado, ocupamos los espacios con otras cosas y no hay sitio para un lugar (capilla, oratorio...) que ayude a mantener esta relación en el día a día.

ESCULTURA DE MARTIN GAZTELUMENDI.

16 Franlk V.,1987,El hombre doliente, Barcelona ,Herder

Obra presentada en su blog[17], con este texto:

Basada en la canción ecuatoriana "Vasija de Barro". La esfera de su interior representa la situación irreversible. Una visión amable de la muerte: Nada de malo en reposar en el vientre oscuro y fresco de la vasija. Nada de malo en reunirse con los antepasados. Nada de malo en regresar "a tu barro enamorado"

LOS MAYORES, NO SON ESPECTADORES...SON ACTORES

Y un actor es el que actúa, el que pone en funcionamiento todo su ser, todo lo que hemos subrayado que la persona es, y con ello, llena de sentido la vida.

Protagonista de su historia, ocupado en que se vaya desarrollando el argumento, pre-ocupado en ir escribiendo el nuevo guion.

Este punto es importante. Si nos fijamos en los actores más conocidos, nos daremos cuenta que hay algunos especialista en papeles más dramáticos, otros más cómicos, otros que solo hacen películas de aventuras...cada uno en su papel, en su lugar. Como si cada uno solo pudiera enconmartintrarse cómodo con un determinado papel en este gran teatro que es la vida.

Muchas veces tengo la sensación de que ocupamos la vida de las personas mayores con "papeles" que no les corresponden. Es como si pusiéramos a un especialista en tragedias a hacer una comedia. Algo falla.

Somos actores, pero no nos vale cualquier papel en la vida.

El arte es el ayudar a descubrir quiénes somos en realidad y cuál es el proyecto que cada uno tenemos en la vida.

[17] martingaztelumendi.comotucomoyo.org

LA ATENCIÓN INTEGRAL CENTRADA EN EL PERSONA, PREMISA DEL TRABAJO CON PERSONAS Y COMPLEMENTO DE LA LOGOTERAPIA

"Dadnos consuelo, abrazos, apoyo y un sentido a nuestra vida. Valoradnos por lo que aún podemos hacer y ser, y ayudadnos a conservar nuestra vida social...Para nosotros es muy difícil volver a ser quienes fuimos, así que dejadnos ser quienes somos ahora y valorad los esfuerzos que hacemos " [18]

"Hacia unas horas que había fallecido Carmen. Los últimos meses había estado muy mal, siempre cerca de la muerte. Hoy había llegado ese momento. Sonó el teléfono, y preguntaron por el administrador de la Residencia. Era el hijo de Carmen. Solo me dijo: GRACIAS POR CUIDAR A LA PERSONA QUE MAS QUIERO EN ESTE MUNDO. Unas pocas palabras que me hicieron pensar..." [19]

¿Desde dónde nace?

Si nos sentamos delante de la definición de calidad de vida individual [20], nos encontramos con estas palabras:

"Un estado deseado de bienestar personal compuesto por varias dimensiones centrales que están influenciadas por factores personales y ambientales. Estas dimensiones centrales son iguales para todas las personas, pero pueden variar individualmente en la importancia y valor que se les atribuye."

Los citados autores se centran en estas dimensiones: bienestar emocional, relaciones interpersonales, bienestar material, desarrollo personal, bienestar físico, autodeterminación, inclusión social y derechos.

18 Christine Bryden, 2005, Dancing with Dementia, London, Jessica Kingsley Publisher.

19 Conversación telefónica con un familiar tras el fallecimiento de su madre, 2015

20 Schalock R.L y Verdugo M.A.2007. El concepto de calidad de vida en los servicios y apoyos para personas con discapacidad intelectual, Editorial Siglo Cero.

Solamente cuidando la atención a estas dimensiones podremos generar calidad de vida con nuestro cuidado. Desde el conocimiento y con la convicción de que este es el camino, poco a poco, se van dando pasos, en el mundo residencial, en la definición de lo que es la Atención Centrada en la Persona, escrita y asumida.

Como veíamos al comienzo, cada vez más, nos encontramos con personas mayores que necesitan cuidados para sus necesidades múltiples de salud, unido a sus necesidades sociales y de atención a la dependencia. Personas que necesitan servicios sociales y sanitarios, unidos, no de forma separada.

En España la población mayor está creciendo, especialmente el tramo de población más anciana (más de 65 años) que en los próximos años crecerá por encima del 100% [21]. Unido a esto, debo resaltar que las necesidades de atención para la realización de tareas como lavarse o vestirse se incrementara también más de un 60% en 2030, y las personas con demencias se duplicaran en los próximos 30 años (Ministerio de Sanidad y Servicios sociales e Igualdad, 2013). Está claro que abordar esta situación solo lo podemos hacer desde la integración de todos los servicios y buscando unir las dos necesidades que se abren paso a marcha forzada en nuestra sociedad, lo social y lo sanitario.

Otro dato importante es que en los próximos veinte años, también esperamos ver doblada la población con muchas patologías. Hoy por hoy, las clases sociales más bajas, los más empobrecidos, tienen un 60% de mayor prevalencia en enfermedades crónicas, que las clases sociales altas. Otro dato que nos empuja a apostar por servicios socio-sanitarios.

Ante esto, creo que nos debemos preguntar ¿cómo deben ser nuestros servicios? ¿Qué modelo, sostenible, debemos utilizar para llegar a cubrir las necesidades? ¿Es válido lo que estamos haciendo hasta ahora? ¿Estamos preparados para dar el paso de “curar” a “cuidar”?

Ante esto, respondemos con un modelo, la ACP. ¿Qué es?

La ACP tiene su origen en la psicología humanista (iniciada en la primera mitad del siglo XX), presentándose como un modelo superador de los clásicos enfoques del psicoanálisis y el conductismo. La clave de esta tendencia es su acento en el ser humano y sus características distintivas (decisión, creatividad y autorrealización) .

21 Datos de Instituto Nacional de Estadística 2013, Ministerio de Sanidad y Servicios sociales e Igualdad. Recuperado en www.msssi.gob.es/estadestudios/estadisticas

Fue Carl Rogers, quien propuso un nuevo enfoque psicoterapeutico [22], presentándonos una terapia basada en el cliente. El profesor Tom Kitwood, fundador del grupo de Demencia de Bradford utilizo por primera vez el término centrado en la persona en el ámbito de las personas con demencia. Definió el modelo enriquecido, que contradecía la creencia de los años ochenta, de que para comprender la demencia solo hacía falta saber el grado de perdida de la corteza cerebral, dejando claro los muchos factores que influyen en la experiencia de la persona con demencia: el daño neurológico, el estado físico, la biografía, la personalidad y el entorno social en el que vive. Este modelo daba la oportunidad de buscar el bienestar de vida, poniendo el acento en todas las dimensiones.

Podríamos decir, que este modelo de atención, contiene cuatro áreas principales:

Un conjunto de valores que reivindica el valor absoluto de toda vida humana, independiente de la edad o capacidad cognitiva. V

Un enfoque individualizado que reconoce la singularidad de la persona. I

Saber interpretar el mundo desde la perspectiva del usuario. P

Proporcionar un entorno social que satisfaga las necesidades. S

Estos cuatro factores pueden ser las áreas de la atención centrada en la persona, pudiendo darse por separado, pero sabiendo que cuando coinciden todas hacen posible la cultura de la atención centrada en la persona.

Kitwood, lo representa en forma de ecuación[23]

ACP= V+I+P+S

Y una curiosidad, si nos fijamos VIPS, podrían ser las siglas de vey important persons (personas muy importantes).

---

22 Rogers Carl, 1942, Counselling and Psychotherapy. Editor Roger Press.

23 Kitwood Tom, 1997 Dementia reconsidered: the person cames first. Open University Press , Maiden-head- Berkshire

Con total seguridad aporta mucho a nuestra reflexión todos los trabajos y documentos de Teresa Martínez Rodríguez [24]. Pero me permito subrayar y recoger, por su concreción y aplicación, el decálogo de atención centrada en la persona [25]:

Toda persona somos iguales en dignidad y derechos.

Cada persona es única

La biografía es la concreción esencial de la singularidad y ayuda a proyectar los planes futuros.

Todas las personas adultas tienen derecho a controlar y dirigir su propia vida.

Quienes presentan una grave afectación cognitiva también tiene derecho a ejercer su autonomía (de forma asistida o indirectamente).

Todas las personas tienen fortalezas y capacidades y pueden desempeñar un rol valioso en función de su edad y circunstancias contextuales.

El ambiente físico influye en el comportamiento y en el bienestar subjetivo de todos y, de manera especial, de las personas en situación de dependencia.

La actividad cotidiana tiene una gran importancia en el bienestar de las personas que precisan cuidados de larga duración.

Todos somos interdependientes y necesitamos relacionarnos y participar en todos los ámbitos (educativo, laboral, cultural, de ocio...)

Las personas son multidimensionales y están sujetas a cambios.

La atención que precisan las personas que tienen una discapacidad o que se encuentran en situación de dependencia requiere un conjunto diversificado de apoyos y cuidados para atender sus necesidades bio-psico-espiritu-sociales que va cambiando a lo largo del tiempo. Si somos capaces de unir todos los recursos que tengamos y responder a todas las necesidades a la vez, estaremos dando el paso hacia la atención integral. Una vez que estemos en ello, tendremos que cuidar que el modelo garantice el derecho y la dignidad de la persona, para llegar a mejorar su calidad de vida, y que pueda participar activamente en la elaboración y desarrollo de sus planes de atención.

---

24 publicados en http://www.acpgerontologia.com/mihistoria/publicaciones.htm

25 Martinez T. 2013. La atención centrada en la persona. Enfoque y modelos para el buen trato a las personas mayores. Sociedad y Utopía. Revista de Ciencias sociales 41 ,209-231 .

Muchas veces, ocurre, que la "participación" cuando se trata con personas con dependencia (y especialmente con deterioro cognitivo) suele aparcarse, creyendo que hay que anteponer la seguridad y la salud. Este es un gran peligro entre los profesionales, ya que en muchas ocasiones se toman decisiones "pensando en la mejor salud" que van contra la dignidad y autonomía.

Según Amartya Sen [26] toda persona tiene capacidad para tomar diversas opciones de cara a afrontar las situaciones de necesidad que atraviesa, y para llevar a cabo sus propios proyectos de vida siempre y cuando se les ofrezcan posibilidades para desarrollarlas. En esto consiste para Amartya Sen la libertad y la oportunidad de tener una vida digna.

Está claro que toda persona, incluido las que tienen un grado elevado de dependencia, conservan capacidades que es importante detectar e identificar, apoyarse en ellas, estimular para posibilitar que puedan vivir una vida llena de libertad, tomando decisiones y llenando de sentido cada momento.

No perdamos de vista, entre lo urgente, la burocracia y las ocupaciones de cada día, lo esencial de la ACP: la centralidad y la importancia que toma la persona convirtiéndose en referente y motor de todo el proceso de atención.

LOS PRINCIPIOS.

La dignidad es el eje sobre el que se crea este modelo[27]. Ello nos hace encontrarnos con la bioética y la ética como principal principio (lo analizaré más adelante) y a su vez fundamentarnos en otros principios como eje del modelo.

Estos principios, nos pueden parecer que coinciden con las características, que paginas atrás he puesto a la definición de persona. Así es. En la consecución de lo que uno es, se encuentra con la dignidad de cada persona. Veámoslo:

Principio de autonomía

Derecho a mantener el control sobre su vida y actuar con libertad. Tener apoyos, aunque sean intensos, no conlleva perder el derecho a la autodeterminacion. En casos con deterioro cognitivo importante, la autonomía puede ser ejercida de manera indirecta, lo cual no quiere decir que se pierda.

---

26 Amartya Sen,2000 Desarrollo y libertad, Buenos Aires, Editorial Planeta

27 Rodriguez Pilar y Vila Antonio, 2014. Modelo de Atención Integral y centrada en la persona. Editorial Tecnos.

Una cosa me parece muy importante: la vida independiente y autónoma no significa tanto hacer las cosas por uno mismo, ser autosuficiente, sino que es fundamentalmente tomar decisiones propias sobre cómo vivir, donde, y con quien, y como organizar cada día de su vida.

Antes de seguir avanzando en la reflexión, me parece importante dejar claro tres aspectos:

Cuando hablamos de autonomía no estamos haciendo referencia a lo contrario a dependencia. La autonomía es lo opuesto a la heteronomía, mientras que la dependencia (no valerse por uno mismo en las actividades de la vida diaria) lo es a la independencia. Por lo tanto, las personas dependientes pueden y deben ser lo más autónomas posible, deben tener oportunidades de elección y decisión, para lo que, en ocasiones, pueden necesitar ayuda.

Por otro lado, hay que tener en cuenta que la autonomía no es un tema que ocurra siempre. No somos incompetentes para todo o al revés. No siempre es lo mismo. Dependemos de la historia, de la situación.

Y por último, la autonomía nunca se debe de perder. A veces debe ser ejercida de modo indirecto, como derecho, pero nunca debe dejar de estar unida a la persona.

Este principio es la base de la dignidad humana.

¿Posibilitamos la libre elección y la autonomía de los residentes? ¿Nuestros métodos de trabajo van dirigidos hacia el empoderamiento de la persona? ¿Garantizamos que se respete el deseo y preferencias de las personas con demencia?

Principio de individualidad

Todos somos iguales en cuanto a ser poseedoras de dignidad y derechos, pero a su vez somos únicos y diferentes unos de otros.

"Es mucho más importante saber qué clase de paciente tiene una enfermedad, que la clase de enfermedad que tiene un paciente" [28]

¿Diseñamos planes de atención individualizados? ¿Conocemos a cada persona y trabajamos desde ese conocimiento?

---

28 William Osler,1904, Fragmento tomados de: ThinkExist.com. William Osler Quotes. http://thinkexist.com/quotes/william_osler/

Principio de independencia

Aunque se tengan necesidades de apoyo y atención permanentes, todas las personas poseen capacidades que deben de ser reconocidas y estimuladas. Debemos ofrecer programas que potencien la máxima autonomía de la persona.

¿Buscamos recuperar la independencia con acciones y programas? ¿Creemos en la posible recuperación de la dependencia en personas con gran pérdida de ella?

Principio de integralidad

En toda persona se dan aspectos biológicos, psicológicos, sociales, espirituales y medioambientales. La suma del buen funcionamiento de ellos determina la calidad de vida. Pero no se nos debe olvidar que estas dimensiones son dinámicas y cambian durante la vida.

¿Los planes de atención permiten actuar en todas las dimensiones? ¿Atendemos todas las necesidades, bajo un criterio de globalidad, buscando la calidad de vida?

Principio de participación.

Todo el mundo tiene derecho a participar en su comunidad, a elegir su modo de vida, a estar presente en toda decisión que afecte a su vida.

¿Garantizamos la participación de todos en sus planes de desarrollo? ¿Empoderamos o acallamos? ¿Sentimos la participación como una riqueza o como una carga?

Principio de inclusión social

Todo el mundo tiene derecho a disfrutar de su entorno y de los bienes sociales y culturales. Todos somos miembros activos de la comunidad (ciudadanos con los mismos derechos).

¿Fomentamos la participación activa en los recursos comunitarios o tendemos a aislar?

Principio de continuidad de atención.

Se debe tener acceso a la atención de forma continuada, coordinada y adaptada a la situación.

¿Ofrecemos un programa coordinado y duradero en el tiempo? ¿Buscamos la integralidad y la continuidad?

Estos principios (que la constitución española, en sus artículos 9.2 y 10, incluye con carácter general, la autonomía, la participación, dignidad y libertad, como principios básicos de la ACP) componen una base para la planificación y el trabajo en los servicios , que debemos saber adaptar a cada contexto y persona. Esta representación en diagrama me parece que nos da una fotografía de lo que es la atención integral y centrada en la persona:

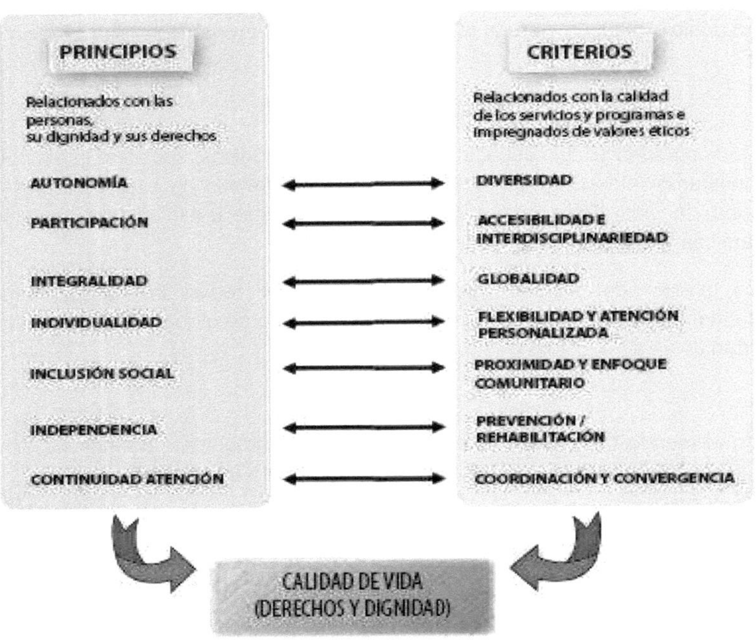

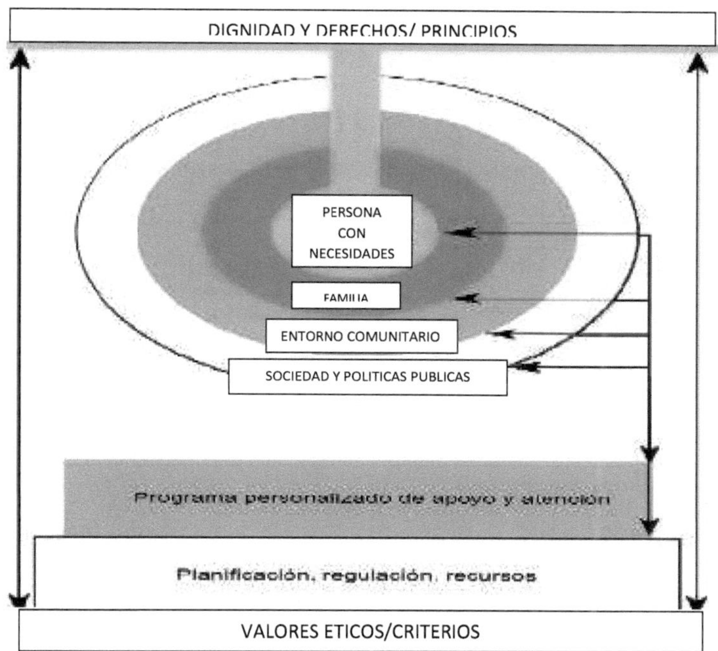

Por ello , estamos en proceso...

El camino hacia la ACP no es un camino con punto final. Es un proceso continuo e ilimitado, en permanente transformación. Apostar por poner en el centro de nuestras organizaciones a la persona, por ayudarles a encontrar sentido, su sentido, la vida, es meterse en un camino ilimitado de retos y mejoras.

El cambio hacia un modelo mucho más integrado requiere imponer la experiencia del residente como principio de la organización, haciendo que todo sea mucho más flexible, personalizado y unificado. "Abordajes más holísticos desde enfoques más integrados que supongan una mejora de la calidad, una disminución de los costes y una mejora de los resultados en salud" [29]

Tendremos que estar dispuestos a estar en constante "reforma". Integrar el cambio en la dinámica diaria. Poner en "critica" desde la arquitectura de nuestros edificios hasta el último gesto de uno de los empleados, y todo mirando a nuestra opción: poner en el centro la persona.

29 Godlee F.,2011 "What is health?" BMJ.

No es un camino cómodo. Posibilitar que las personas puedan tomar decisiones sobre cómo organizar cada día de su vida, nos va a pedir poner en tela de juicio:

Acceso y diseño de nuestras residencias y los entornos

La atención integral, interdisciplinar, de todos los profesionales.

El transporte y los medios de movilidad

La comunicación y la información que damos

Accesibilidad cognitiva (tener entornos comprensibles para todos)

El uso de las nuevas tecnologías (con productos de apoyo para facilitar actividades de la vida diaria)

La relación con la vecindad (entorno comunitario)

La implicación de las familias

El reconocimiento social y laboral de todos los trabajadores. Hoy por hoy, trabajar en una residencia, cuidar a una persona mayor, no está igual de reconocido que cuidar de un niño, o trabajar en un hospital. Curioso, ¿verdad?

La apertura a adaptarnos a los diferentes puntos de vista de los residentes, a cambiar los procesos de evaluación, a adaptar nuestras instalaciones a las demandas nuevas, a la formación continua.

Muchas veces la propia estabilidad y seguridad que nos aportan las normas, refuerzan la resistencia al cambio, y nos terminamos acomodando en un sistema que desvía del centro a la persona, y coloca en su lugar, la seguridad, la sostenibilidad económica, la comodidad, el miedo a los problemas y lo desconocido.

Pero no solo tenemos que estar preparados a los cambios de organización. Estoy convencido de que si hablamos de cambio, el más difícil e importante es el del servicio y atención de todos los profesionales: en sus tiempos de trabajo, la escucha, los medios con los que disponen.

Que importante es crear canales de comunicación donde podamos preguntar con asiduidad por las preferencias, los deseos y las opiniones. Que fundamental es trabajar la empatía, ponerse en lugar de la otra persona. Que necesario es tener tiempo para prestar atención al ruido, a la temperatura, a la luz que hay en una habitación...y hacer que el residente se sienta más cómodo. Que preferente es pararse, detenerse para analizar los comportamientos diferentes de los residentes, las alteraciones de conducta, saber evaluar el dolor y las quejas, y poder averiguar sus causas.

Carl Rogers, considera importantísimo entrar en el marco de referencia del individuo y entender el mundo desde su punto de vista si se quiere llevar a cabo un trabajo terapéutico. Por ello, aun sabiendo que nunca vamos a saber lo que siente otra persona, podemos aumentar nuestra empatía (me detendré en este punto más adelante), aun estemos delante de personas con demencia.

Hoy por hoy existen herramientas que nos ayudan a ello, como la evaluación DCM que pretende entre otras cosas, ayudar a todos los profesionales a cuidar mejor y observar con más atención. "El DCM es un intento serio de adoptar el punto de vista de la persona con demencia utilizando una combinación de empatía y habilidades de observación" [30] También, en la dirección web, que antes he citado, de Teresa Martínez, nos encontramos con materiales que nos ayudan a evaluar el camino que estamos haciendo hacia la ACP en nuestra residencia.

Además, el entorno social que debemos proporcionar también debe favorecer que podamos centrarnos en persona y sus deseos. Que difícil nos puede resultar todo esto si no sabemos ayudar a que todos (y siempre) se sientan incluidos e integrados en la relación con los demás, si no aprendemos a tratar a todos con el mismo respeto, sin etiquetas, si no queremos tomar en serio los miedos y las angustias de los residentes y las tachamos de "chiquilladas" o de "males pasajeros", si no buscamos el autoprotagonismo en los propios cuidados de los residentes y generamos factorías de servicios y cuidados despersonalizados, si no hacemos uso de otras instalaciones y entornos del barrio, pueblo o ciudad. No nos olvidemos de una cosa: "una persona lo es gracias a los demás".

Toda esta reflexión nos empuja y anima a cambiar y crecer como profesionales. Estoy convencido que si abordamos el cambio personal, nos va a dar mucha luz el trabajo de Tom Kitwood sobre la Psicologia social Maligna (PSM). Ella nos va a ayudar a entender las dificultades. Tengo la seguridad de que nos vamos a ver reflejados en muchos momentos de nuestro trabajo y de nuestro día a día en la Residencia.

Os invito a ir leyendo pausadamente cada concreción e ir pensando en que momento me ha pasado, ¿Por qué? ¿Qué puedo hacer para que no vuelva a pasar?. Pero antes, me permito subrayar una idea importante: la PSM casi nunca es malintencionada, pero se mete de lleno en la atención a la persona y la deshumaniza. Kitwood subraya como la PSM es muy perjudicial para el bienestar psicológico de las personas con demencia.

---

30 Kitwood T., 1997, Dementia reconsidered: the person cames first, Open University press, Maiden-head-Berkshire.

Enuncio los 17 tipos de detractores personales de la DCM que se pueden transformar en concreciones de PSM :

⇨Intimidación.- Asustar, atemorizar, amenazar

"O te comes todo o se lo digo a tu hijo cuando venga a verte"

⇨Evitar.-No dar la atención que se necesita o reclama

"No puedo estar a mil cosas a la vez, hay más residentes o ¿no lo ves?"

⇨Ritmo inadecuado.-Hacer que elija a un ritmo demasiado rápido

"Venga, que tengo muchas cosas que hacer y no puedo esperar a que te peines tanto tiempo"

⇨Infantilización.- Trato como si fuera un niño

" Pero que rico estas…que mono te has puesto hoy…venga esa sonrisa!!!"

⇨Etiquetar.- Ponerle un adjetivo por nombre, haciendo que esta definición le diferencia del resto en negativo.

"El gruñón de la habitación 109 siempre igual"

⇨Desautorizar.- Decir que uno puede hacer mejor las cosas y que no ha conseguido algo

"Así no vamos bien, te tienes que esforzar más. Tu puedes comer solo, lo que pasa es que no quieres"

⇨Acusación.- Culpar de algo que ha hecho o que no ha sido capaz de hacerlo

" ¿Es que no puedes llamarme antes?. Mira cómo has puesto todo: Con todo lo que tengo que hacer…"

⇨Manipulación.- utilizar el engaño para manipular

"Lo mejor es que los acostemos antes, porque así descansan más"

⇨Invalidación.- No reconocer la realidad de una persona y negar lo que dice que está viviendo.

"Se queja de vicio. Dice que no vienen a visitarla. Con lo acompañada que está aquí. El caso es quejarse…"

⇨Desempoderamiento.- No permitir que una persona haga uso de sus capacidades

"Que empeño con tener dinero en su cajón. De eso nada. Lo único que puede pasar es que lo pierda y luego me acuse de…".

⇨Imposición.- Obligar a hacer alguna acción sin tener en cuenta sus deseos

"La asistencia a las actividades socio culturales de la Residencia es obligada para todos los residentes. "

⇨Interrupción.- Meterse en algo que se está haciendo y romper su marco de referencia.

"Y para que necesita llamar tanto por teléfono a su nieta. Con una vez que llame por semana es más que suficiente"

⇨Cosificación.- tratar como si fuera un objeto.

"El 109 le ha dicho al 104 que…"

⇨Estigmatización.- tratar como si fuera un enfermo, un extraño o un marginado.

"La comida aquí es buena, total para el caso y el aprecio que le hacen, con los años no tienen gusto y no vale de nada esmerarse"

⇨Ignorar.- Hacer o decir algo referente a la persona, como si ella no estuviera

"¿Le duchas tu o yo?...es que yo prefiero hacer las camas"

⇨Excluir.- No tener en cuenta a alguien o decirle que se vaya.

"Lo mejor es que ahora estés en tu habitación descansando. Tenemos cosas importantes que decidir y necesitamos estar solos."

⇨Burla.-Reírse o humillar.

"¿Quién la visto y quién le ve…?"

Con total seguridad que nos salen muchos otros casos concretos que responden a cada una de estas concreciones. Pero no nos tenemos que quedar aquí. La PSM nos debe ayudar a reflexionar y caminar hacia un trabajo positivo para la persona, hacia una manera diferente de interactuar, llenando nuestro servicio de:

Calidez, apoyo, ritmo adecuado, respeto, aceptación, celebración, reconocimiento, autenticidad, validación, empoderamiento, facilitación, capacitación, colaboración, identificación, inclusión, integrar y diversión

Kitwood escribió y habló como lo afectados por la demencia necesitan de los que los rodean para poder existir como personas. Para que lo pudiéramos entender mejor, eligió la imagen de una flor con los pétalos superpuestos donde el amor ocupa la posición central. La flor simboliza la aceptación incondicional, generosa y comprensiva que no pide nada a cambio. Cuando de verdad queremos a alguien, buscamos incansablemente lo que necesita para estar mejor.

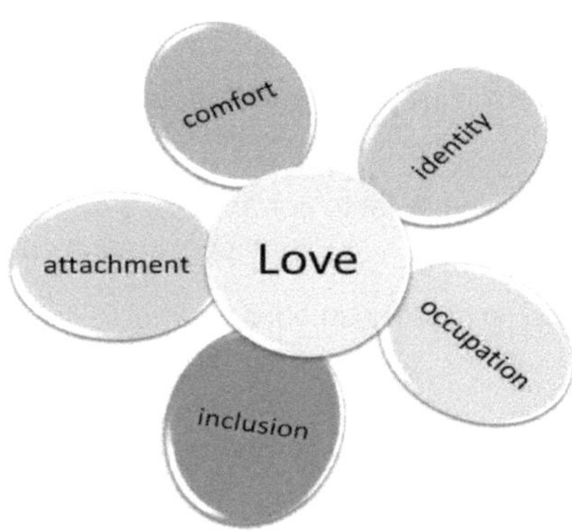

AMOR
CONSUELO, COMPROMISO, INDENTIDAD, INCLUSION, OCUPACION

Satisfacer una de estas necesidades implicará, de alguna manera, la satisfacción de las otras. Según Kitwood, estas necesidades pueden considerarse presentes en todos los seres humanos, no obstante, en el caso de las personas con demencia es cuando se hacen evidentes, ya que se trata de personas mucho más vulnerables y, generalmente, menos capaces de tomar las iniciativas para satisfacer sus necesidades.

La necesidad de consuelo cuando se sufre una demencia es especialmente importante en los momentos en que la persona experimenta una pérdida, tanto si es por desesperación, por una falta de facultades o para poner fin a una forma de vida. Este consuelo implica cariño, cercanía, calmar la angustia y regalar una buena dosis de seguridad.

El compromiso. Somos seres sociales y existen razones para pensar que la necesidad de compromiso se mantiene en las personas con demencia.

En el alzhéimer y el deterior cognitivo, la necesidad de inclusión coge mucha fuerza, tal vez en los comportamientos que buscan ser el centro de atención, en apegos a compañeros de residencia, o en diversas formas de protesta.

Estar ocupado significa participar en el proceso de la vida de una manera significativa a nivel personal, recorriendo a las facultades y capacidades. Si se priva a una persona de estar ocupada, sus capacidades se empiezan a menguar y se van perdiendo la autoestima. Esta necesidad de ocupación continúa presente en la demencia, como cuidadores, solamente, se precisa una gran dosis de imaginación y creatividad para satisfacer la necesidad.

"La gente se olvidaran de lo que les has dicho, se olvidaran de los que hiciste, pero no se olvidaran de cómo les hiciste sentir" [31].

Y todo esto: Una cuestión de ética

"Parece que ya me voy acostumbrando. Pero es muy triste tener que desayunar, comer y cenar lo que te digan y cuando te digan. Siempre he vivido solo y he hecho lo que he querido y ahora..." [32]

Aparentemente la condición humana se apoya en la independencia para gestionar y decidir en la vida. Esta condición da valor a los seres humanos. Cuando nos centramos en el servicio que se presta en una residencia de mayores, donde se convive con el Alzheimer en el día a día, esta afirmación se convierte en relativa, problemática y dudosa.

Somos testigos, en la relación con las personas mayores, de la fragilidad, carencia y dependencia de otras personas. Y desde aquí, desde las carencias y necesidades se genera dependencia, y esta posibilita desarrollo, autonomía y autorrealización.

Está claro, que todos, durante toda nuestra vida, tenemos que cubrir nuestras necesidades de protección con las necesidades humanas, lo cual nos hace ser dependientes. Gran problema en una sociedad como la que tenemos, donde cada uno se encarga de lo suyo, y el mundo nos exige no contar con los demás.

Muchas veces cuando hablamos de personas dependientes, no pensamos que lo somos todos, nos referimos a aquellos que necesitan ayuda para sus actividades de la vida diaria. Tampoco es muy acertado hacerlo de

---

31 Angelou Maya, 2009, I Know why the caged bird sings. Hachette Digital.

32 Comentario de un residente en Agosto del 2016, llevaba unas pocas semanas ingresado en una residencia en Araba.

discapacitados, ya que como nos lo subraya el modelo de diversidad funcional[33], todos somos diversos y discapacitados en algún sentido.

Sin perder de vista esto, entendemos la dependencia como la necesidad de ayuda externa para la gestión de la vida diaria, si se da alguna discapacidad. Un proceso dinámico, cambiante y que depende de muchos factores físicos, emocionales, relacionales, sociales....

En consecuencia, nuevamente la idea de atención centrada en cada persona se subraya. No vale un modelo de atención común para todos. Cada persona, cada situación nos va a pedir un modelo diferente, que busque la promoción de la autonomía, comprendiendo la realidad de modo integral.

Para la ética "todo lo que no es óptimo es malo", pero definir lo óptimo para personas mayores, con deterioro avanzado, es mucho más complicado de lo que parece. Pistas para este camino, son los principios éticos universales que nos expone María Jesús Goicoechea[34] , que deben guiar las intervenciones:

* *La dignidad como fundamento*.- Kant la definía como aquello que constituye la condición para que algo sea un fin en sí mismo.
Quien tiene dignidad, nunca podrá ser tratado como un medio, siempre lo será como un fin en sí mismo.

* *La no mal eficiencia y la justicia*.- desde la dignidad de todos, se comprende que se vele por la igualdad y la obligación de no lesionar la integridad de nadie

* *La autonomía y la beneficencia*.- se busca que todos puedan vivir de acuerdo a su modo de ser propio, desde sus principios y valores, y puedan continuar su historia logrando una vida realizada. Es muy importante empoderar, hacerles protagonistas y responsables de sus decisiones y de su calidad de vida.

Y todo ello procurando el bien, sin olvidar el respeto a los valores.

---

33 Basagoiti Arantxa, 2010, Bioética y Discapacidad. Una cuenta pendiente. Tesis fin de Master Bioética UCM Madrid

34 Goicoechea M. Jesús, 2014, Modelo de Atención Integral y Centrada en la persona, Editorial Tecnos

**La responsabilidad y la prudencia*.- el cuidado se convierte en responsabilidad, concretado, muchas veces, en la capacidad de ayudar a deliberar. Decisiones que necesitan respuestas prudentes y racionales. Tengamos en cuenta que no hay verdades absolutas, pero si verdades apoyadas en la realidad, con la participación de los implicados.

En definitiva, debemos acabar con lo que quede de un modelo que considere a las personas en situación de dependencia como incapaces morales y que no tienen nada que aportar al resto.

Un paso previo

Descubro el sentido de mi vida: La historia de mi vida.

Una persona= una historia

"Agustina, a sus 78 años, ante una visita de su Trabajadora Social: Nací en una familia humilde, siempre he trabajado para otros. He limpiado, servido a las mejores familias de la cortesía. Y ahora mis hijos se han empeñado en que vengan a mi casa a limpiarme… ¡A mí me van a decir cómo se hacen las cosas de la casa!". Así que no quiero lo que usted y mis hijos me quieren meter en mi casa…" [35]

"La persona es el resultado final, siempre provisional mientras funcione su cerebro, de su historia interactiva individual elaborada en entornos físicos, culturales, sociales y afectivos específicos, a través del lenguaje y otras formas de comunicación. En síntesis: la persona es el producto singular de su biografía" [36]

Debemos de tener en cuenta que biografía e historia de vida no son sinónimos, aunque muchas veces los igualamos. La historia de vida hace referencia al proceso constructivo de la biografía de cada persona y el acercamiento a la misma tiene matices diferenciales al acercamiento biográfico.

El hacer una buena historia de vida nos va a permitir:

- Identificar sus preferencias (gustos y rechazos) en los cuidados y en la vida diaria.
- Favorecer la orientación y la seguridad de las personas
- Buscar la continuidad con su estilo de vida y hábitos gratificantes.
- Tener ideas que posibilite la participación en las actividades, proponiendo espacios significativos.
- Comprender, empatizar, y entender los comportamientos de las personas.

---

35 Testimonio recogido de una persona mayor en el año 2014. Agustina acude al Centro de Escucha después de discutir con sus hijos y sentir que la quieren "manipular". Nos cuenta la conversación que ha tenido con su Trabajadora Social.

36 Bayes R, 2009, Sobre la felicidad y el sufrimiento. Discurso de investidura como doctor Honoris Causa por la UNED. Recuperado de www.infocopo.es/view_article-asp?id=2215

Como es normal, en las personas con deterioro cognitivo importante, se deberá recurrir a su familia o conocidos, para elaborar la historia de su vida.

No nos podemos olvidar de recoger ciertos datos importantísimos para nuestro servicio: La comida y bebida preferida, donde y con quien le gusta comer, la ropa que le gusta llevar, la forma de arreglarse, las costumbres diarias, las actividades que le gustan, la espiritualidad, y es especialmente importante con las personas con dependencia: las actividades que necesitan hacer como rutina, lo que le relaja y le produce bienestar, las personas que son de referencia , los lugares y objetos con los que se siente identificada, las conductas especiales que pueda tener.

Elder G.[37] nos cuenta tres dimensiones de análisis, que nos va a venir muy bien tener en cuenta, respecto al recorrido vital:

a.- El recorrido de vida: El camino de cada persona. Incluye diferentes ámbitos como la vida familiar, escolar, laboral, profesional, relacional, afectiva...todos ellos se entrecruzan y son interdependientes.

b.- Las transiciones. Forman parte del recorrido, y son el paso de una etapa a otra. Tienen mucha importancia en la construcción de la identidad. Son procesos que requieren nuevas relaciones, nuevos roles y cambios a todos los niveles.

c.- Puntos de inflexión: acontecimiento especial que provocan grandes cambios en la vida. Son imprevisibles y representan un cambio cualitativo importante.

El uso de las historias de vida en la salud está avanzando mucho en estos últimos años. Los objetivos que con su elaboración podemos conseguir tienen mucho que ver con la búsqueda de sentido, la autonomía y la libertad [38]

La Historia de Vida, en un modelo de ACP, es un instrumento de recogida de información que integra dos dimensiones: Por un lado el recorrido de vida y por otro los valores, preferencias y deseos sobre cómo organizar el día a día. Con toda esta información es posible elaborar un plan individualizado de atención y vida de la persona. Consensuado y revisado con ella. En caso de personas con un estado avanzado de deterioro cognitivo, una buena fórmula es crear un grupo de apoyo, donde personas del entorno y con significado para el residente, se reúnen y se consensua el plan.

---

37 Elder G., 1985, Perspectives on the life course, Ross Macmillan Editor.

38 Desmarais Danielle, 2010, Artículo "El enfoque biográfico, cuestiones pedagógicas", Recuperado en insitucional.us.es/revistas/cuestiones/20/art_02.pdf

Técnicas para realizar la Historia de Vida:

Estos métodos pueden ser una buena herramienta para ayudarnos a ir realizando la Historia de vida, solamente los cito e introduzco, sabiendo que en cada técnica hay todo un camino (muy amplio) de aprendizaje para poder aplicarla:

El genograma contiene información relevante sobre los miembros de una familia. Para elaborarlo la fuente principal es la conversación con la propia persona mayor, aunque también es de gran utilidad la información que podemos extraer de documentos sobre ella y sobre todo a través de la familia y de los propios trabajadores del centro.

El cronograma recoge de manera cronológica, los acontecimientos más importantes y significativos de la vida de una persona y permite conocer la forma en que se ha ido desenvolviendo a lo largo de la vida. En él se deben recoger acontecimientos significativos tales como nacimientos y muertes, casamientos y separaciones y cambios de domicilio. Nos podemos encontrar con respuestas a reacciones del residente que antes no hemos podido comprender.

El *ecograma* recoge relaciones de una persona o familia con su entorno afectivo y social. Este instrumento aporta información sobre las redes de soporte social de una persona.

Jordi Peña Casanova, en el contexto del proyecto de desarrollo de recursos de intervención cognitiva Activemos la Mente [39], señala que *el libro de la memoria* (Historia de vida) es un instrumento que se suma a los recursos de trabajo para ayudar a conservar la memoria y la propia identidad de las personas con trastornos de memoria, y propone *la historia de vida (Diario de vida),* siguiendo la línea cronológica vital en los apartados siguientes: - Quién soy - Mi infancia - Mi adolescencia y juventud - Mi madurez - Así soy ahora . Aconseja a su vez que en cada apartado se haga referencia a los hechos relevantes que ayuden a situar al usuario en cada época vivida y que a su vez, estos sean acompañados de fotografías.

En el libro “El estudio del ciclo vital a partir de historias de vida: una propuesta práctica”[40], se trasmite la importancia de la historia de vida, y se recoge documentación sobre cómo conducir una entrevista para obtener buenas historias de vida y sobre como analizarlas e interpretarlas. En este libro se

---

39 Casanova, Jordi Peña , 1999, Activemos la mente, Editado por Fundación la Caixa

40 Villar, Feliciano., 2006, Historias de vida y envejecimiento, Informes Portal mayores, Lecciones e Gerontología. Recuperado http://www.imsersomayores.csic.es/documentos/villar-historias-01.pdf

propone recoger aspectos relevantes, (estudios, cambio de residencia, etc.), preguntas relacionadas con la infancia, juventud y madurez, así como preguntas relacionadas con el presente y futuro.

Pero suelen decir que un ejemplo vale más que mil palabras, veamos un resumen de una Historia de Vida (la de María, donde los datos personales han sido reemplazados, dado que responde a una historia real y actual) y algunas aplicaciones:

HISTORIA DE VIDA DE MARIA

Los primeros años:

MARIA García Pérez nació el 05 de agosto de 1934. Tiene 81 años

Es la última de 4 hermanos (ya no tiene ninguno vivo).

Nació en la ciudad de Gijón, en un piso a 50 metros de la playa.

Una vivienda en la que siempre vivió, que heredó de sus padres y que todavía conserva un hijo.

Infancia, la mejor época de su vida

Los primeros años los pasó en el colegio de Gijón. Ella dice, que el ser la menor le dio, al comienzo de su vida, una situación cómoda en la familia.

Pero poco le duró la estabilidad. Cuando tenía 12 años, su padre desapareció de casa y nunca se ha sabido más de él.

Esta situación le marcó mucho. Pronto tuvo de ayudar a su madre y ponerse a "servir". Trabajó como interna y cuidando a personas mayores.

De niña a mujer, "a golpes".

No tenía los 18 años cuando tuvo que soportar los primeros abusos sexuales por parte de los "señoritos" donde le tocaba trabajar. Ella aguantaba todo. En aquella época denunciar era una utopía y un suicidio.

Poco a poco se va quedando sin amigas (se van casando) y ella encuentra en un hombre (muy unido a la bebida) un poco de cariño. Con él se casa, cuando tenía 23 años.

Juntos, tienen 4 hijos.

Más de 30 años con el alcohol en su casa

Con ellos, llegan los malos tratos, las palizas de su marido. Y es entonces cuando MARIA comienza su relación con el alcohol. Tenía 35 años y era una persona totalmente dependiente de la bebida.

Sus dos hijos mayores (mellizos), con 14 años se van de casa. El tercero se lo lleva una tía, y la cuarta, ingresa en un internado de religiosas, allí inicia su vida religiosa (la cual hoy continua, siendo monja de vida contemplativa, en clausura).

Así comienza una historia de 30 años de relación con la bebida. Momentos en los que los deja y en los que vuelve a recaer. Momentos en los que el marido desaparece y en los que vuelve a aparecer. Una vida a "momentos".

Al cumplir los 65 años, sus hijos deciden que lo mejor es separarles. El padre ingresa en un centro de rehabilitación (falleciendo en unos meses), y ella (fruto de la gestión de su hija religiosa) en la residencia para mayores –gestionada por las Hijas de la Caridad-.

En este centro lleva 16 años.

Estos últimos años, la vejez:

Los hijos mayores no la visitan desde hace años. No sabe nada de ellos. Deben tener hijos, pero MARIA no conoce a sus nietos.

El hijo mediano, consume drogas, ahora vive con una mujer extranjera y como no tienen donde vivir, MARIA les ha dejado la vivienda de Gijón. No recibe un céntimo por el alquiler.

La hija pequeña, sigue en el convento, y solo aparece cuando se le llama para algo en concreto. No quiere saber nada de su madre. No comparte que MARIA esté ayudando al hijo drogadicto, y no hace nada para que haya relación entre los hermanos.

Las preocupaciones que tiene

MARIA, continuamente, nos manifiesta su preocupación por que no tiene medios para pagar la cuota. Ella recibe una pequeña pensión (no contributiva) de 500 Euros, pero sabe que a los residentes nuevos les estamos cobrando mucho más.

Ella no puede pedir ayudas, porque tiene una vivienda en propiedad (que ahora usa el hijo), que no puede alquilar, y que le obliga a subsistir con los 500 Euros.

Tampoco la puede vender ya que es el único sitio donde puede estar su hijo.

MARIA teme que un día le expulsemos de la Residencia por falta de dinero para pagar.

Las ocupaciones de MARIA

Dice que está muy a gusto en la Residencia. Siempre que viene un residente nuevo, le cuenta que a ella le costó mucho habituarse porque no encontraba el mar en el pueblo, y ella estaba acostumbrada a asomarse a la ventana y ver las olas. Pero que ahora ya se ha acostumbrado.

Agradece mucho que en la Residencia se ha curado. Aunque hace un par de años, cuando se enteró que su hijo estaba metido en tema de drogas, la "pillamos" con vino en la habitación y sabemos que volvió a beber.

A MARIA le gusta mucho las labores del hogar. Le encanta coser.

Suele acudir a las celebraciones religiosas de la Residencia. Si bien, su relación con Dios también está salpicada de inestabilidad. En muchas ocasiones verbaliza el agradecimiento a Dios por la vida y por la Residencia, y otros muchas se "enoja" frente a un Dios que le ha dejado sin familia, dejando de manifiesto (según su versión) la incoherencia de la hija religiosa. "Es monja y no se acuerda de mi", suele decir.

Algunas anotaciones para un PLAN INDIVIDUAL (CENTRADO EN LA PERSONA) DESDE LA BIOGRAFIA de MARIA.

Una vida buscando sentido. La vida de MARIA es una historia de búsqueda de sentido, de búsqueda de un "para qué". Su relación con el alcohol siempre se ha hecho presente cuando se ha "descapitalizado" de todo lo afectivo, cuando ha llegado a su vida la desgracia en forma de abuso, de maltrato, de sufrimiento, de soledad....y por el contrario, ha desaparecido de su vida el alcohol, cuando las cosas han comenzado a ir mejor, cuando ha encontrado un camino y un motivo para vivir y levantarse cada día.

Desde esta reflexión, nacida del conocimiento de su historia, **intentamos trabajar en el bienestar emocional** de MARIA. Ella debe encontrar en la Residencia un espacio seguro, un entorno afectivo que no tiene en otro lugar, y un sentido para su vida.

MARIA es una mujer, **a la vez débil, y a la vez fuerte**. Débil para afrontar el problema. Recurre mucho a la mentira e intenta evitar hablar de sus hijos y de porque no le visitan. Pero por otro lado, es fuerte. Tiene una coraza, forjada por los años, que le hace ser distante con el problema. Viendo su vida se comprende perfectamente esta doble forma de ser. En la Residencia, sus mentiras no son bien llevadas por algunos empleados. **Es fundamental el saber comprender** el mecanismo que las genera, y sin justificarlas, entender de donde vienen.

En la Residencia intentamos **ayudarle a que encuentre sentido a su vida**. Le pedimos que nos ayude en las labores de costura y marcaje de ropa, así como en la lavandería. Este trabajo lo hace muy agradecida. Aunque debemos de tener cuidado, de que esta respuesta a su necesidad de inclusión no le lleve a sentirse superior a los demás residentes. Por otra parte también es un servicio que le sirve para amortiguar su conciencia de que no puede pagar la cuota que otros compañeros pagan. Lo cual evaluamos como muy positivo.

Gran parte de nuestros esfuerzos están orientados a que comprenda y asuma que es una persona importante para nosotros, importante para el proyecto e importante para el resto de residentes. Su programa de atención, centrado en ella, intenta trabajar sus fortalezas y hacer que las ponga en funcionamiento. Con esto también **trabajamos las relaciones interpersonales** y el trabajo que le dignifica. Con el conocimiento de la historia de MARIA se pone de manifiesto cómo, cuando uno ha tenido una vida poco normalizada, lo que más desea es hacer lo que "normalmente" se hace en la vida.

Hay ciertas épocas en el año que son muy duras para MARIA. Para los familiares de los demás residentes, la navidad es una época de muchas visitas, pero los suyos siguen sin venir. En estas épocas sabemos que hay que **estar especialmente pendiente y ayudar a volver a buscar el sentido** de cada día, volver a dar sentido al sufrimiento. Son días en los que hay que decorar la residencia, ir a cantar villancicos a la parroquia, preparar los regalos para los residentes...Su historia de vida nos hace estar pendientes de que MARIA esté especialmente activa en estas fechas.

Desde fuera es muy discutible la decisión de MARIA de dejar a su hijo (metido en el mundo de la droga) la vivienda de Gijón y quedarse sin dinero para pagar la Residencia. Seguro que muchos pensaran que lo mejor sería que el hijo se buscase la vida y ella pudiera alquilar esta vivienda o venderla y, de esta manera, tener recursos para garantizarse la asistencia. Ante este debate, y ante su historia de vida, me parece vital ofrecer a MARIA la capacidad de decisión, **la autonomía y el sentimiento de que es responsable de su decisión.** Por parte nuestra, como gestores de la Residencia, debemos de ser creativos y encontrar otros mecanismos de pago a futuro y de reconocimiento de deuda, que garanticen, en el presente, la libertad de decisión de MARIA.

No podemos perder de vista **el respeto por los valores** de María y es un buen escenario para que **trabajemos con ella la jerarquía de sus valores**. En este momento ¿Cuál es el valor más importante para ella? ¿Qué decisiones en la vida tienen sentido en este momento?.

Aunque es importante que dedique tiempo a la costura (debemos **potenciar** aquella **habilidad que no ha perdido**), también me parece fundamental que **no pierda el contacto con el resto de residentes** e incluso con la gente del pueblo donde está la Residencia. Su fama de mentirosa no le coloca en una buena situación en las relaciones sociales. Su historia de vida nos sitúa ante este problema y nos hace reforzar, desde el acompañamiento, este campo.

La inestabilidad emocional, propia de las personas que han tenido o tienen relación con el alcohol [41] también marca su relación con Dios y el culto. La lectura de su vida nos enseña el recorrido de acompañamiento que debemos seguir con MARIA. Un camino donde, desde la relación con Dios, de creyente que tiene, y la acción pastoral, hay que **trabajar el Dios Amor incondicional, el Dios Misericordia**, el Dios acogida.

Tom Kitwood, como hemos visto, acuñó la expresión psicología social maligna (PSM) como término genérico[42] para describir las diferentes maneras más habituales de debilitar a la persona y que había observado en los entornos asistenciales. MARIA, con su historia, con sus formas de comportamiento, genera esa PSM. Muy claro lo vemos en la Residencia cuando se le carga con la etiqueta de "mentirosa", cuando hay empleados con pocas ganas de atenderle, cuando se le culpabiliza de todo lo que ha hecho en su vida, se le ignora...Debemos reforzar su identidad y la autoestima desde ella y para el resto de Residentes.

El conocimiento de su historia y escuchar como lo cuenta, nos ayuda a transformar nuestras reacciones en calidez, apoyo, respeto, aceptación y reconocimiento. **La historia de vida se convierte en la mejor herramienta para generar una relación de ayuda, basada en la autenticidad, la aceptación incondicional, y la escucha activa (llena de asertividad y empatía).**

---

41 Recuperado de Dr Jorge Barraca, http://www.jorgebarraca.com/tratamiento-personalidad-inestable

42 Kitwood, Tom, 2013, Atención Centrada en la Persona con Demencia de Dawn Brooker, Editorial Octaedro.

A modo de resumen: Marco algunas pistas o campos de trabajo que, desde el conocimiento de la historia de MARIA, nos son de utilidad para el desarrollo de una Atención Centrada en ella, como primer paso, para luego ayudar a María a que encuentre el sentido en su vida:

Acoger la mentira que ejerce como defensa. El origen más frecuente de las mentiras es el miedo[43]. Restar importancia, conociendo de donde viene y saber detectar el valor que hay detrás (búsqueda de cariño, de seguridad...)

Potenciar las relaciones interpersonales con el resto de residentes y con los vecinos del entorno.

Respetar el derecho de decisión de MARIA y acompañar la elaboración de su plan de vida.

Trabajar la jerarquía de sus valores.

Cuidar la autoestima y ofrecer un servicio al resto de residentes que pueda realizar, dando sentido desde la entrega y el compromiso a los demás

Dedicar tiempos concretos a escucharle, a dejar que exprese como se encuentra.

Elaborar con ella un horario de ocupaciones, entretenimientos, formación y servicios, que pueda ir desarrollando en diferentes épocas del año

Animarle a que sienta al "Dios Misericordia"(invitarle a que participe en taller de oración ...)

43 Boglarka Hadinger, 2008, Aprender a vivir, Editorial Oniro,

"Tengo 89 años. Desde que me quede viuda no encuentro mucho sentido a seguir viviendo. Mis hijos ya tienen su vida. Lo único que puedo ser para ellos es una carga. Mis nietos apenas me vienen a ver. Están muy ocupados. Además me canso mucho. Ya no valgo para nada. Si me muero hoy, creo que yo y mucha gente, descansaría" [44]

Si definir es delimitar el concepto, nos puede ayudar para comenzar a hacerlo, el dejar claro lo que NO es.

¿Qué no es?

La logoterapia no es Autoayuda

La logoterapia no es sufrimiento

La logoterapia no es una religión

La logoterapia no es dirigir

La logoterapia no es realizarse

LA LOGOTERAPIA NO ES AUTOAYUDA

Parece que está de moda. Quizás respondiendo a una necesidad de muchas personas. ¿Quién no tiene en casa un libro de autoayuda o ha estado tentado a hacer un curso de ello?

Antes de nada analicemos la definición de Autoayuda: "Proceso de Mejoramiento Personal, mediante el cual las personas intentan reconocer sus potencialidades, a fin de usarlas para satisfacer sus necesidades y alcanzar una forma de vivir satisfactoria y significativa."

Cuantos consultores ofrecen su servicio en el ámbito de la empresa, buscando sacar el máximo partido de cada persona. Cuantas horas dedicadas a ello.

El interés por estas lecturas se extendió al libro mundialmente más leído de Víktor Frankl "El hombre en busca de sentido". Pero tengamos claro que no es un libro de autoayuda y que no se escribió con esa finalidad. La

44 Testimonio de una persona anónima en un grupo de la parroquia, durante el mes de Mayo de 2013.

Logoterapia no es creada para cumplir ese objetivo. El sentido y su búsqueda en la vida, sin lugar a dudas, activa las potencialidades de cada persona que se pone a ello.

De nada nos sirve sumergirnos en técnicas de autoayuda, buscando una vida significativa, si nos olvidamos de encontrar el sentido. Por ello, lo que sí que está claro es que los dos términos van de la mano, y podría decir que la autoayuda es un efecto secundario de la búsqueda de sentido.

LA LOGOTERAPIA NO ES UNA TERAPIA EXCLUSIVA DEL SUFRIMIENTO

Otro gran error de los humanos es, como dicen el sabio refranero "acordarse de Sta. Bárbara cuando truena". Solemos darnos cuenta de la urgencia de buscar un sentido en la vida cuando nos encontramos con una situación de vacío existencial. ¿Cómo nos vamos a poner a buscar en personas felices, alegres, repletas de vida? ...Nos olvidamos de que la vida es dinámica y en cualquier momento nos va a obligar a apretar el botón de "reset".

Esta falta de prevención, hace que la logoterapia se mueva, fundamentalmente, en situaciones de sufrimiento y tristeza.

Pero no es una definición correcta, ya que la logoterapia lo que ha logrado es incorporar al dolor como parte de la vida humana y ha afirmado que aún desde él es posible encontrar sentido a la vida. Esto no quiere decir que para encontrar el sentido haya que buscar el dolor. Bien explica Frankl que es necesario distinguir entre el sufrimiento inevitable de aquél que es innecesario y se puede evitar.

Cierto es que la logoterapia es apropiada para personas con situaciones de elevado sufrimiento y además es la terapéutica específica para tratar la *neurosis noógenas*, es decir, aquellas enfermedades que surgen de la dimensión espiritual, y que se manifiesta como un vacío existencial, pérdida de sentido, crisis de valores...

Pero no nos quedemos solamente aquí. Es mucho más.

LA LOGOTERAPIA NO ES UNA RELIGION

Quizás al presentar una antropología que coincide plenamente con los principios de la religión judeo-cristiana, parece que se la confunde, erróneamente, como parte de la religión.

Para ayudar a sus pacientes a encontrar sentido a la vida, Frankl se apoyaba en la dimensión trascendente de la persona. Era creyente (aunque no hablaba casi nunca de sus propias creencias), judío, buen conocedor de la Biblia y del cristianismo. Si le preguntaban qué valores habría que promover para combatir el vacío existencial, solía responder: los Diez Mandamientos. "Cuando la gente vuelve la espalda a Dios, se llega al desprecio de la vida"[45]. También es cierto que Víktor Frankl fue recibido por Pablo VI, el cual simpatizo con su idea.

Pero igualmente Frankl ha afirmado que la Psicología o la medicina se deben ocupar de Todo el ser humano y de Todos los seres humanos. Todos los seres humanos, creyentes o no creyentes, somos seres espirituales, ya que es la esencia de lo humano.

En torno a las relaciones entre psicoterapia y teología Frankl plantea que:

"No hay que olvidar que las intenciones de ambas disciplinas son diferentes, aunque en un momento dado ambos efectos puedan solaparse. De igual forma, debe rechazarse cualquier intento de fusionar el ministerio médico con el pastoral".

Siempre deberemos respetar las creencias de la persona que acompañamos. Para Frankl hay tres cosas que deben quedar bajo el dominio personal e íntimo: la sexualidad, el momento de la muerte y la religiosidad personal.

LA LOGOTERAPIA NO ES DIRIGIR.

Frankl dice que el hombre no inventa el sentido, sino que lo descubre

Cuantas veces caemos en la tentación de anticiparnos, y ante una historia de vida, ya saber cuál va a ser la "solución", el camino que esa persona debería tomar para encontrar el sentido.

Nos autonombramos guías de la vida de otro y nos apropiamos del gps del recorrido. Hasta asimilamos mal los posibles cambios en el camino, según nuestro plan.

La logoterapia es fundamentalmente acompañar, ayudar a buscar el sentido. No es enseñar, no es influir. En la logoteraia el protagonista es el "otro", y donde solamente vamos a posibilitar que se den pasos para encontrarlo.

[45] Recuperado en dadun.unav.edu/bitstream/10171/11618/1/AHÍ_VII_CRONICAS_41.PDF , pag.431.

LA LOGOTERAPIA NO ES AYUDAR A AUTOREALIZARSE

Cierto es, que cuando se tiene la experiencia de ayudar a encontrar el sentido en la vida de otra persona, la propia vida se llena de sentido. Cierto es que es una experiencia que marca y da felicidad. Pero no caigamos en la tentación de apropiarnos de esta misión como propia. Vivámoslo como un auténtico servicio y una posibilidad de crecimiento desde la humildad y la sencillez.

¿Qué es?

Reconozco que en mi descubrimiento de la logoterapia, lo que más me llamó poderosamente la atención, es como nos fue contada desde la experiencia del neurólogo y psiquiatra Viktor Frankl, quien durante un tiempo estuvo apresado en un campo de concentración, y consiguió sobrevivir gracias a que pudo dar un logos (palabra griega que equivale a sentido o significado) a su existencia. La logoteriapia ya había sido creada en los años 30. De ella nos habla en sus escritos de juventud, pero recogió sus experiencias en el conocido y citado libro "El hombre en busca de sentido" y nos la hizo cercana a todos desde lo vivido.

Se ha definido como "la tercera escuela vienesa de psicoterapia", siendo la primera el psicoanálisis de Freud y la segunda la escuela Adleriana. Para esta tercera escuela, la primera fuerza motivante del hombre es la lucha por encontrar un sentido en la vida, en contraste con la voluntad de placer (Freud) o con la voluntad de poder (Adler)

La idea de Frankl es partir de un análisis de la existencia, y ayudar a encontrar un sentido para toda la vida, de una manera coherente, y responsable con lo vivido.

V. Frankl vivió, en el campo de concentración, en su propio ser lo que significaba una existencia desnuda. La vida de Frankl en los campos de concentración fue terrible. Padeció hambre, frío, crueldades... en muchas ocasiones pensó que era el fin de su vida. Sin embargo, a pesar de todo, él pensó que la vida era digna de vivirla. Esos tres años que pasó en los campos los dedicó, en la medida de sus posibilidades, a ayudar a sus hermanos de dolor, a curar sus padecimientos como médico, y no sólo eso, sino que a curar a sus propios verdugos.

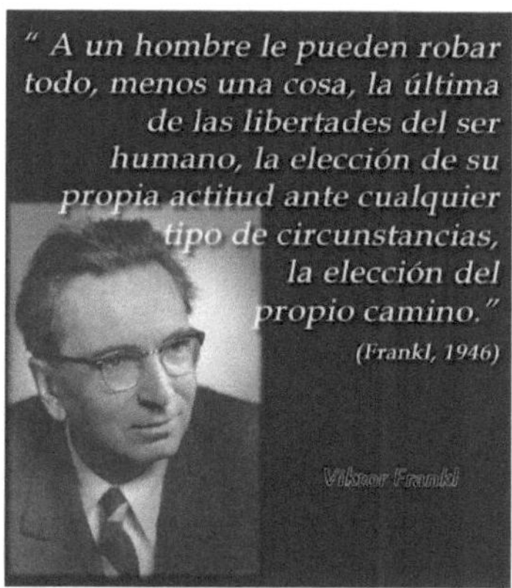

Fundamentos filosóficos y conceptos básicos

Como he expuesto en el comienzo, uno de los mayores problemas de nuestro tiempo es la carencia de sentido en la vida. Los jóvenes se aburren, los mayores caemos en la monotonía, lo ordinario, lo que hacemos cada dia, la rutina nos parece insoportable.

En este ambiente, es muy difícil afrontar los problemas, encarar el sufrimiento y ver en él una "oportunidad" llena de sentido y con capacidad de hacernos crecer.

Cuando no tiene sentido la vida, aparece la apatía, se pueden buscar otras "soluciones" a corto plazo que nos hagan sentir la felicidad (drogas, máquinas recreativas...), pero que nos van a seguir anulando y vaciando cada vez más.

Como antes he mencionado existe una nueva neurosis propia de la segunda mitad del siglo XX, a la que Frankl llama "noogénica". Si no encontramos respuesta a alguna de estas preguntas, podemos llegar a ella: ¿Cuál es el significado de mi vida? ¿Qué sentido tiene mi vida? ¿Por qué vivimos? ¿Por qué nos ponen en este mundo? ¿Para qué vivimos? ¿De acuerdo con qué principios tenemos que vivir? Si tenemos que morir y nada es para siempre, ¿qué sentido tiene vivir?

Frankl en su obra "La voluntad de sentido", comentó que el 20% de las neurosis que encontró en su práctica clínica tenían un origen noogénico, esto quiere decir que se derivaban de que carecían de un sentido vital. Más aún, dice Frankl, la falta de sentido vital es la tensión existencial fundamental. Para él, la neurosis existencial es equivalente a la crisis de falta de sentido vital.

Evolución:

En los primeros meses después de su liberación, V. Frankl, se dedicó a organizar su vida, buscó información sobre el paradero de su esposa y demás familiares, quienes habían sido enviados a otros campos de concentración. En febrero de 1946 fue nombrado jefe del Departamento de neuro-psiquiatría de la Policlínica de Viena.

Para noviembre de 1945 había rehecho su manuscrito que le fue arrebatado por los nazis. Este libro es el que conocemos en español con el título de "Psicoanálisis y Existencialismo". Antes de navidad de 1945 dictó "entre lágrimas" a tres secretarias, durante nueve días, el testimonio de sus experiencias en los campos de concentración, que sería el libro "Un psicólogo en el campo de concentración", actualmente se le conoce como "El hombre en busca de sentido".

La actividad de Frankl se incrementó progresivamente. Empezó a dar conferencias y a escribir sobre temas más especializados, psicoterapia, análisis existencial, logoterapia...

En la Policlínica del Estado de Viena conoció a Elly Schwindt, enfermera odontóloga, y en 1947 contrajeron matrimonio (18 de julio). En 1947 fue nombrado profesor asociado de neurología y psiquiatría de la facultad de medicina, y en 1955 fue profesor principal.

En 1948 dio una conferencia sobre el "Inconsciente espiritual", que posteriormente fue tema para su tesis doctoral en filosofía. Su tesis central es que todo ser humano tiene un sentido religioso fuertemente arraigado en el inconsciente.

Frankl dio una serie de conferencias por radio, que posteriormente se convirtieron en el libro “La Psicoterapia al Alcance de Todos”. En 1950 Frankl y otro e sus compañeros fundaron la "Sociedad Médica de Psicoterapia". Frankl se dedicó a dar conferencias por todo el mundo.

Para 1954, Frankl había destacado la importancia de la logoterapia en el tratamiento de las neurosis noógenas, ya que la considera como la terapéutica específica, y hace énfasis en su relación con el "Análisis Existencial", como una explicación antropológica de la existencia personal.

En 1961, Gordon Allport invitó a Frankl a la Universidad de Harvard, como profesor visitante. Allí se inició el largo período americano de docencia, investigación y difusión. Los viajes de Frankl a los cinco continentes han sido frecuentes y ha llevado a las diversas naciones mensajes de esperanza.

Sus obras han sido traducidas a 18 idiomas. Ha sido profesor invitado en varias universidades y ha impartido conferencias en todos los continentes. Víctor E. Frankl murió de un fallo cardíaco el 2 de septiembre de 1997, dejando a su esposa, Eleonore y a una hija, la Doctora Gabriele Frankl-Vesely.

Los principios de la logoterapia

Entre los principales postulados de la logoterapia, subrayo estos:

a.- El hombre necesita algo por lo que vivir. La voluntad de sentido.

"Quien tiene un por qué para vivir puede soportar casi cualquier como" Nietzsche.

Esto mismo lo encuentra V. Frankl en sus años viviendo en los campos de concentración. Incluso la muerte puede llenar de sentido la vida "dado que si el hombre fuese inmortal, podría demorar cada uno de sus actos hasta el infinito"[46]

En los campos de concentración, los prisioneros más aptos para la supervivencia, fueron los que esperaban a alguien afuera o los que tenían una misión por concluir en la vida.

En nuestras residencias las personas más satisfechas, más felices, son las que más participan, las que tienen motivos para levantarse cada día, las que se notan parte de un proyecto, las que se sienten valoradas, queridas, escuchas y acompañadas.

b.- La libertad.

V Frankl afirmaba que en la costa que estaba enfrente de la estatua de la libertad, hubiera sido necesario poner "estatua de la Responsabilidad", ya que libertad y responsabilidad son inseparables.

A todos nos corresponde decidir nuestro camino en la vida. Una libertad que implica una responsabilidad, ante nuestra consciencia y ante Dios.

46 Frankl V. , 1980, Ante el vacío existencial , Barcelona, Ed. Herder

"Nosotros hablamos del ser humano como responsable precisamente en razón de la libertad natural del hombre. Y la relación entre la libertad y la responsabilidad manifiesta que la libertad no es solamente ***libertad de*** *sino también* ***libertad para,*** *y que asumir la responsabilidad significa aquello para lo cual el hombre es libre",* dice Frankl .[47]

Somos libres, cuando somos responsables.

c.- Sentido de la vida

"Quien tiene su vida vacía de sentido, no solamente es desgraciado sino apenas capaz de sobrevivir" Albert Einstein.

Sentido único para cada persona y cambiante, como la vida misma. Cada uno de nosotros estamos llamados a buscarlo a cada momento en consonancia con la propia voluntad y los valores que tenemos.

Todo un reto que no se impone, no se da...se busca y se descubre.

Para Frankl, la vida podrá adquirir sentido mediante la realización de valores, caminos para llegar a encontrar el sentido, que según él, son de tres tipos:

- Creativos. Lo que hacemos. Aquí hablamos de DAR. Ofrecer a otros algo mío, algo que yo he hecho, algo que yo soy...Encarnado en el valor de la profesión.
- Vivenciales. Lo que experimentamos (el amor, el sufrimiento...). Hablamos de RECIBIR. Todos los creyentes tenemos la capacidad de recibir las ofertas del mundo, desde la experiencia de ver amanecer, a sentir el amor de otra persona, la cercanía de Dios ...

El saber y poder, dar y recibir, es uno de los grandes sentidos de toda persona.

- De actitud: Como lo vivimos el sufrimiento, la rutina, el dolor, el fracaso. ¿Cómo es nuestra actitud ante un destino lleno de sufrimiento? ¿Cómo lo afronto?

47 Frankl V.,1988, La voluntad de sentido. Barcelona: Ed. Herder.

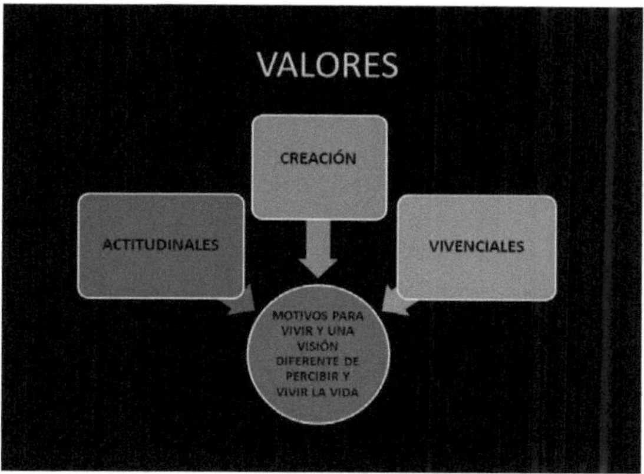

Si somos capaces de convertir el sufrimiento en servicio, la culpa en cambio, y la muerte en motivación para la acción responsable, la existencia humana no puede carecer nunca de sentido. Hablemos de ello.

La tríada trágica

Hoy por hoy, las Residencias de personas mayores son hábitat del encuentro y convivencia con la crisis. El avance en años (como hemos analizado al comienzo) hace que las enfermedades se vayan cronificando y los estados de salud vayan empeorando. Son muchos los procesos de "pérdida" que se pueden acompañar en el día a día de una Residencia.

Ante esta situación, muchas veces desde el desconocimiento, intuimos la Residencia como algo triste, algo negativo...el último recurso para muchos, tabú para nuestros niños. Sin embargo, los que vivimos y nos desvivimos por generar espacios llenos de vida, sabemos que no es así.

Ni siquiera el conflicto y la crisis es el peor de los males que podamos encontrarnos en esta vida. Cuantas veces la búsqueda de sentido surge de una tensión interna y no nace en una situación de estabilidad. Por ello, en ocasiones, la logoterapia puede intentar estimular la tensión en la persona y así empujarle a dar pasos. Vivir la crisis vital como una gran oportunidad para "resetear" la vida y encontrar un sentido más en consonancia con uno mismo.

"Lo verdaderamente indignante del sufrimiento no es el sufrimiento en sí, sino el sinsentido del sufrimiento" Friedrich Nietzche

Uno de los principios básicos de la logoterapia mantiene que "la preocupación primordial del hombre no es gozar del placer, o evitar el dolor, sino buscar un sentido a la vida"

La crisis se puede convertir en posibilidades de crecimiento, experiencias desagradables pero fértiles. Las crisis, pérdidas y experiencias de carencias son, a partir del dolor que causan, las que llevan a cuestionar la escala de valores y apreciar lo realmente importante en la vida.

Recientemente he acompañado un caso en el Centro de Escucha que sintetiza muy bien esta idea y que resumo:

"Siempre he estado descontento en el trabajo. Aunque quien lo iba a decir después de 22 años. Cada mañana era una tortura ir, pero no tenía más remedio. Me podía la comodidad, el convencimiento de que no valía para otra cosa, el miedo...y nunca daba ningún paso para cambiar de profesión. Hace tres años estalló todo. Me acusaron de varias cosas, mis jefes y compañeros me dieron la espalda. Caí en una depresión que me hizo coger la baja. Fue muy duro. Hoy es la primera vez que lo cuento todo a alguien. No sabía ni quien era, ni qué sentido tenía mi vida. Me quería morir. Gracias a todos los que me apoyaron y aguantaron conseguí sobrevivir. No sé cómo, encontré otro trabajo (seguro que alguien o algo se empeñó en ello). Era y es el trabajo de mi vida. Durante estos años he aprendido mucho. Incluso soy capaz de ver todo lo que aprendí en el otro trabajo. Ahora soy feliz y puedo contar lo vivido. Necesitaba llorar, volverme loco, vaciarme... pasar por la oscuridad para llegar a ver luz. Necesitaba dar el paso en la vida y como fui cobarde pues estoy convencido de que "el de arriba" me empujo a ello. Has cambiado mucho, me dicen...pero se te ve feliz!" [48]

Cuando Frankl habla de la "tragedia" del ser humano, se refiere a tres situaciones que le tocan inevitablemente vivir, a las que llama también el triple desafío: el sufrimiento, la culpa y la muerte

Las condiciones existenciales del ser humano: falibilidad, vulnerabilidad, finitud, hacen que a lo largo de la vida experimentemos la "triada trágica" culpa porque somos falibles, dolor porque somos vulnerables, muerte porque somos finitos.

En la crisis nos encontramos de frente con esta "tríada", y paradójicamente esta vulnerabilidad nos puede abrir las puertas de transformación. Todo se cuestiona y se puede volver a rehacer. Valores que le da sentido a la vida en "situaciones límite". Son expresión de la capacidad de la dimensión espiritual.

---

48 Testimonio recogido en una conversación en el Centro de Escucha del C.A. Betania en Vitoria, durante Mayo del 2013. Persona de 45 años que pide conservar el anonimato.

Éticamente superiores y por ello desvelan lo más grande y valioso de la persona en su crecimiento a través del dolor y sufrimiento que llevan consigo.

Sufrimiento

V. Frankl dice que cada hombre tiene un destino único, que, al igual que la muerte, es una parte de su vida. El llama destino a lo que esencialmente "limita la libertad del hombre", ya que ni está dentro del área de poder del hombre ni de su responsabilidad.

Cuantas veces nos encontramos ante la pregunta de: ¿Por qué esta enfermedad, porque me ha tocado a mí? La logoterapia ve en el destino la prueba definitiva de que existe la libertad humana. Una libertad que nos hace responsables y nos empuja a movernos en la nueva situación vital. Integrarla en mi vida, asumirla y encontrar el sentido.
Aunque, de sobra lo sabemos, la libertad no es gratis. Supone ciertas limitaciones. La constante lucha del hombre entre su aceptación y rechazo del destino, por un lado, y su libertad por el otro, caracteriza profundamente la vida humana.

Pero, ¡ojo!, me parece importante subrayar como el sufrimiento no es en absoluto, necesario para encontrar el sentido a la vida. Solamente si es un sufrimiento inevitable puede convertirse en un “buen terreno” de cultivo para la aplicación de la logoterapia.

Frankl dice, respecto a asumir abiertamente el sufrimiento:

“Cuando un hombre descubre que su destino es sufrir, ha de aceptar dicho sufrimiento, pues esa es su sola y única tarea. Ha de reconocer el hecho de que de que él está sólo en el universo (que) nadie puede redimirle... ni sufrir en su lugar (y que) su única oportunidad reside en la actitud que adopte al soportar su carga. La actitud más enriquecedora -no necesariamente la más fácil- es descubrirle un sentido al sufrimiento”.

Ante el sufrimiento nos encontramos con personas creyentes que hacen el camino de no vivir su existencia como un simple deber, sino como una misión. Como una misión que Dios les ha encomendado. Ante la enfermedad de una madre, me encuentro con el hijo que asume la misión de cuidarla, ante el cierre de una empresa, me encuentro con el parado que asume la misión de formarse y repensar su vocación, ante la enfermedad, me encuentro con el paciente que asume su la misión de contar a otros como lo vive y ayudar a que su enfermedad sirva...

¿Ayudamos en nuestra residencia a asumir el sufrimiento, que actitudes motivamos ante el sufrimiento, lo afrontamos o lo intentamos ocultar? ¿Somos conscientes de ayudar a descubrir el sentido al sufrimiento?

La culpa

Como respuesta a no asumir la responsabilidad de mis acciones, como traición a uno mismo, como miedo a afrontar los errores cometidos.

Cuanto casos he conocido de personas que se sumergen en la autodestrucción generada por la culpa de "no haber pedido perdón a tiempo a aquel hermano que se murió" "no volver a visitar a su madre" "no estar presente en la enfermedad de..."

Cuanto camino nos queda por recorrer, siempre que no se trate de una culpa neurótica, en hacer posibles encuentros y entornos donde se pueda integrar, personalizar y ayudar a crecer con la culpa.

¿Posibilitamos el arrepentimiento en nuestros encuentros y acompañamientos? ¿Generamos espacios de perdón o juzgamos continuamente y hasta sentenciamos el pasado de otros?

Para Frankl el arrepentimiento honesto es la forma de aceptar la responsabilidad para salir del estado de culpa. Cuando nos enfrentamos a hechos irreversibles que ya no podemos modificar, se pueden asumir dos actitudes: el aturdimiento o el arrepentimiento. Aturdirnos es evadir la responsabilidad; arrepentirnos, es asumirla y hacer lo posible para reparar el daño y cambiar.

La muerte

Una Residencia tiene varias cosas colgadas en su puerta de entrada, con las que uno se tropieza nada más entrar y que en el mundo no son tan habituales de encontrar. Una de ellas es la muerte. Un tabú para muchos que en la Residencia está presente, forma parte del día a día. Todos los residentes están viviendo la "última etapa de su vida": Ellos y sus familiares lo saben.

En nuestra mano está el crear un lugar donde se acepte nuestra finitud y termino de la vida terrenal. A través ello, se puede valorar más la existencia.

Frankl dice que la muerte le da pleno sentido a la vida. Tiene la experiencia del campo de concentración para avalarlo. La muerte, dice Frankl, nos debería hacer más conscientes de nuestra responsabilidad frente a la vida, ya que únicamente se vive sólo una vez.

Lo desarrollare más adelante, al hablar del final de la vida. Pero desde ahora quiero subrayar que una de las labores más importantes en las Residencias y de la logoterapia es trasmitir la importancia, al residente y a su familia, de su responsabilidad ante la vida, de aprovechar cada momento, sin perder de vista la inevitabilidad de su muerte

Medicación y logoterapia

En la Residencia nos encontramos con muchos implicados en hacer posible la búsqueda de sentido para el residente. Desde el familiar, el auxiliar de clínica (persona que en la mayoría de los casos es el que más tiempo pasa con el residente), los enfermeros, el médico, psicólogo, trabajador social...Entre todos y por parte de todos, es vital saber distinguir entre los estados de neurosis que requieren solo un acompañamiento, o deben ser tratados por un profesional, o incluso deben ser enfrentados con la ayuda de medicación y terapia.

Dice Frankl, las neurosis noogénicas son "enfermedades DEL espíritu (aus dem Geist), pero NO son enfermedades "EN el espíritu" (im Geist).

Tengamos en cuenta que las neurosis, tanto los síntomas como la etiología (causas de la enfermedad), son psicológicos. En la psicosis, la etiología es física, y los síntomas psíquicos.

En el centro de Escucha que tenemos en el Centro de acogida Betania, en Vitoria, y en el que presto mi sencillo servicio como acompañante, me encuentro con muchos casos donde lo más sabio y oportuno es apartarse y derivar a otros recursos que puedan hacer frente a un estado psicóticos avanzado.

Tengamos mucho cuidado en pensar que solo los fármacos son los que van a ayudar a encontrar el sentido de la vida, pero también, tengamos mucho cuidado en pensar que sin fármacos, siempre vamos a poder hacerlo.

"¿Para qué me preguntaron si le gustaba jugar a las cartas, si siempre la tienen mirando hacia la misma ventana durante horas? ¿Para qué se interesaron si le gustaba ir a misa sino no tienen este servicio? ¿Para qué querían saber lo que le gustaba leer si ya no puede hacerlo? "Son preguntas que se hace JL, hijo de Francisca que acaba de entrar, hace 4 meses, en un Residencia y para la que ha tenido que rellenar un cuestionario. [49]

¿Qué hacer?

Ha quedado claro que la vida, sobre todo en momentos de crisis, nos obliga a reorientarnos y buscar un sentido, introducirnos en la dimensión espiritual y darle a la existencia un significado. Mirar hacia lo vivido en el pasado, analizar la existencia y el presente, pero sobretodo mirar hacia el futuro (dimensión prospectiva) para buscar sentidos que sean realizables.

Este es un ingrediente básico y diario en el menú que supone vivir en una residencia. Otros ingredientes, ya lo hemos ido viendo, son también esenciales: el encuentro con la enfermedad, las limitaciones, el duelo como pérdida, el momento del final de la vida.

Me encanta la representación que hace Viktor Frankl en su conferencia titulada la transitoriedad de la vida. Utiliza un reloj de arena. En la parte superior el futuro, lo que ha de venir, en la inferior el pasado, la arena que ya ha pasado de lugar y que pasa por una garganta, el presente. Con la misma arena de nuestro pasado, a través de lo que estamos viviendo ahora, se va configurando el futuro. Desde el análisis de nuestra existencia estamos llamados a ir haciendo nuestro futuro, a ir descubriéndolo. Desde un pasado fijo, vamos haciendo un futuro dinámico.

Se nos presenta un reto apasionante y constante. Estemos atentos, con los ojos y el corazón bien abiertos y despiertos. En cada nueva situación, en cada momento de crisis, en cada alerta de posible vacío existencial...debemos sacar nuestros dones y herramientas y ponernos manos a la obra para acompañar la nueva búsqueda, el nuevo camino, el nuevo sentido.

---

49 JL es familiar de una residente. Escuchamos estas palabras (Diciembre de 2014) al contarnos el proceso de ingreso de su padre en una conocida Residencia en Euskadi.

¿Con quién?

Cuando un hijo nos dice: "Ojalá que mi madre encuentre su sitio para ser feliz en esta Residencia". Presiento que lo que realmente nos está diciendo, es que, ojalá que su madre encuentre el sentido a esa nueva etapa en la vida. Ojalá que cada minuto se llene de tanto contenido y sentido que no tenga, ni encuentre "otro sentido" en irse, en volver atrás o buscar otro lugar.

Muchos han sido los casos de personas que llegan a la Residencia "forzadas" por las circunstancias y cuando descubren que allí su vida se llena, descubren espacios de entrega, de servicio, de solidaridad, de amor, descubren lugares donde pueden hablar de su dolor, donde encuentran un porque, donde la muerte se vive con sentimiento de gratitud por lo vivido, con esperanza y como un paso que hay que dar, entonces verbalizan que ha merecido la pena.

La búsqueda de sentido es para todos (también para aquellas personas que se encuentran en un estado avanzado de deterioro cognitivo) y siempre. No podemos dejar aparcada esta misión cuando las personas requieren ser atendidas y acompañadas en la necesidad. Es cierto que en avanzados estados de deterioro, nos puede parecer que es muy complicado utilizar las técnicas de logoterapia que existen. Es cierto que se requieren más medios humanos y técnicos para desarrollar un despliegue de acciones nuevas que sean ayuda para encontrar el sentido en este estado. Es cierto que requiere pararnos, frente a las urgencias del día a día, y convencernos de que trabajar en esta línea es "el gran sello de calidad" que le podemos poner a nuestro servicio residencial. Pero no menos cierto es que es un tren en el que nos deberíamos subir todas las Residencias que apostamos por poner a la persona en el centro, por atender a los más débiles y por curar y cuidar al que más lo necesita.

¿Cómo y cuándo?. Ante la falta de sentido

El sentido tiene que ver con la existencia de estructuras cognitivas que proporcionan significados a las diferentes situaciones de cada día y dichos significados proporcionarían coherencia a la existencia.[50]

Tengamos en cuenta que el sentido también está influido por el contexto cultural, las experiencias pasadas, el nivel de conocimientos y los sistemas de creencias de cada uno.[51]

---

50 Antonovsky A.1987 Unraveling the Mystery of Health . How People Manage Stress and Stay Well, San Francisco.,Jossey- Bass.

51 Lipowski ZJ.,1970, Physical illness, the individual and the coping processes. *Psychiatry in Medicine*.

A todo esto, tengo que añadir que el sentido no es algo estático, es dinámico, cambiando a lo largo de la historia.

Una persona se desarrolla si tiene metas, proyectos y sentido de dirección en su vida y todo ello contribuye a que la vida es significativa, está llena de sentido[52]. La madurez implica un conocimiento del sentido en la vida.

Este punto es muy importante en el ámbito residencial. Desde la lectura de la realidad, desde la "mochila" que cada residente trae a la residencia, tenemos que ser capaces de saber ayudar a interpretar y revelar el sentido que hay que cumplir en esta nueva situación de vida. Quizás con menos recursos físicos, con más limitaciones, con un nuevo entorno, con una enfermedad en proceso terminal, con menos y/ o nuevo entorno afectivo social que antes...en esta nueva situación se nos presenta el reto de ayudar a organizar los estímulos y construir, como nos dice el concepto frankliano, un todo (no solo en lo que es, sino también en lo que puede ser), lleno de sentido.

Instrumentos y técnicas de la logoterapia

Frankl dice que existen dos técnicas logoterapéuticas, que están diseñadas para el tratamiento de neurosis de angustia y las neurosis obsesivo-compulsivas:

Se identifican por una situación de ansiedad que genera una situación de miedo. Ante esto se propone aplicar la llamada Intención paradójica, importante para trastornos concretos (de difícil aplicación en el ámbito de residencias de mayores). Una técnica donde se empuja a intentar voluntariamente aquello que trata de evadir de manera ansiosa. Un ejemplo que seguro que nos suena familiar de esta técnica lo solemos utilizar todos: A los niños cuando lloran para conseguir algo, no hay mejor remedio que invitarles a que lloren sin parar. ¡Llora, llora hasta que te oigan los vecinos, llora sin miedo!. Paradójicamente llega el silencio.

La otra técnica es la llamada de-reflexión, donde la persona es capaz de ignorar su neurosis y localizar su atención fuera de sí mismo, se anima a olvidarse de la idea que le preocupa, para superarla. Busca, animar a que reviva al menos por un momento la situación con miedo, esto es, animarle a que haga lo contrario. Un ejemplo muy habitual es el de una persona que no consigue dormir cuando se va a la cama. Esta técnica nos hace proponerle que durante este tiempo adquiera un compromiso, de tal manera que ahora no es que no consiga quedarse dormido, es que no puede. Sorprendentemente podemos ver como vuelve el deseo de dormir a esta persona.

---

52 Ryff y Keyes.1995. The structure of psychological well-being revisited. Journal of Personal and Social Psychology. Recuperado en www.midus.wisc.edu/findings/pdfs/830.pdf

El resultado *es un cambio de actitud*

La intención paradójica cambia la "pasividad errónea" por una "correcta pasividad". La de-reflexión cambia la "actividad errónea" por una "correcta actividad".

Otras destacadas técnicas son: el auto distanciamiento, la modificación de actitudes y el dialogo socrático.

En el auto distanciamiento, la persona aprender a verse a sí mismo más allá de lo que le hace sufrir, separándose de la neurosis y buscar el sentido

En la modificación de actitudes, se refuerzan ciertos comportamientos claves a practicar que sustituyan a las que nos hacen daño

Y en el dialogo socrático, se guía a la persona hacia el autoconocimiento y la precisión de su responsabilidad. Sócrates empleaba el método de la "mayéutica" o pregunta dirigida, con el que lograba, siguiendo una cadena lógica de reflexiones y planteando adecuadamente contraejemplos, que el discípulo encontrara su propia respuesta.

Es de destacar que la logoterapia se vale en alta medida del psicodrama, dramatización realizada por la persona que busca el sentido, pensando que su vida se acaba en ese momento. Esto anima a cambiar cosas que son barreras para encontrar el sentido en la vida.

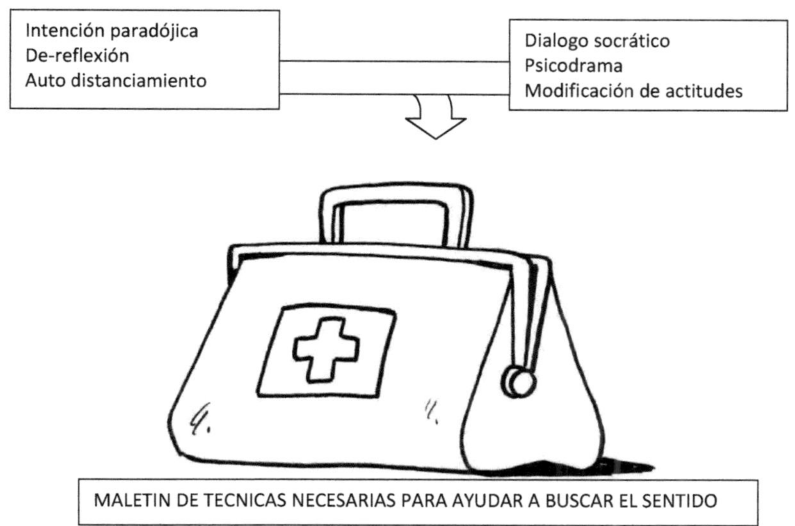

MALETIN DE TECNICAS NECESARIAS PARA AYUDAR A BUSCAR EL SENTIDO

No nos olvidemos que V Frankl llevo su teoría a su vivencia en un campo de concentración. Por ello no es difícil de ver en estos métodos caminos útiles para conseguir trascender, personalizar y encontrar el sentido de estar vivo.

Es fundamental que sepamos aplicar estas técnicas a nuestra actividad diaria en la Residencia. En el trabajo con familiares, ante un momento de crisis, a la hora de afrontar la última etapa de la vida, o un duelo, tendremos que ir viendo que técnica es la más apropiada para cada caso, familiar y residente.

Los métodos que V. Frankl nos muestra se mueven en torno al dialogo para descubrir que es lo que da sentido a la vida de una persona, pero también aborda las dolencias de carácter psíquico desde un punto de vista médico, sabiendo que este tratamiento lo que hace es ayudar a que la persona descubra el sentido de la vida, desvelándole que es él, el protagonista de su historia. Y todo ello, con una buena dosis de esperanza, la clave de la logoterapia, para poder hacer realidad los sueños y la felicidad.

Llenemos nuestras Residencias de esperanza, de tiempos para la escucha activa, de momentos para interiorizar y auto conocerse. Eliminemos las prisas que nos impiden pararnos y enriquecernos con el dialogo. Borremos las tareas que son barrera para dedicar tiempo a las familias y a ayudar a que descubran que sentido encuentran a su dolor..

Para todo ello, conviene que vayamos introduciendo, si no lo hacemos ya, en nuestra residencia, la utilización de estos instrumentos de ayuda:

La historia de vida:

Ya he hablado de su importancia. Solamente quiero resaltar que ,desde mi experiencia, creo que puede ser de muchísima utilidad el Cuestionario sobre la historia de la vida de Arnold Lazarus [53]

Se trata de un cuestionario muy completo que aborda desde los datos familiares, padres, madres, hermanos, enfermedades de la infancia, hasta los temores y miedos más importantes de la persona, ambiciones, aspiraciones, etc. Recorre su infancia, adolescencia, juventud y madurez. Aborda también la sexualidad y los aspectos religiosos.

Por último presenta a modo de "frases incompletas" una pequeña auto descripción que la propia persona debe llenar.

---

53 Lazarus, Arnold A., 2012, EL enfoque multimodal, una psicoterapia breve pero completa. Editorial Desclee De Brouwer. Apendice 1

En suma, es un cuestionario concreto y rico en cuanto a la calidad e información que podemos obtener para conocer mejor a la persona.

Logotest:

Es un test creado por Elizabeth Lukas, publicado por vez primera en el libro de Frankl La voluntad de sentido.

Sirve para medir la "realización interior del sentido en la vida" y la "frustración existencial". Brinda información acerca del reconocimiento de un sentido en la vida por parte de la persona y de los contenidos en que se basa, o si su vida sufre una falta de sentido.

Escala de Längle:

Es una escala existencial que valora la responsabilidad (como posibilidad de optar por lo que tiene mayor relieve, por lo más valorable), la libertad (como capacidad de optar), la autotrascendencia (como posibilidad de volcarse en la tarea y en los otros) y el autodistanciamiento (como posibilidad de separarse del sí mismo propiciando una existencia heterocentrada).

Señala Längle que la toma de postura personal ante el destino, juega un papel importante en la vida, en la medida en que la persona con buenos recursos propios puede hacerle frente a ésta de mejor manera en momentos críticos, como así en situaciones vitales difíciles

La prueba del propósito vital (PIL) (Para obtener el protocolo completo de esta prueba consultar el libro de D. Guttman: Logoterapia para profesionales [54]):

Según Crumbaugh, creador del PIL, esta prueba mide la "voluntad de sentido" y el "vacío existencial" de una persona. Esta prueba se divide en tres partes: la parte A está compuesta por 20 preguntas que investigan el grado en que una persona experimenta "propósito en la vida". La parte B consiste en 13 ítems de "frases incompletas" y la parte C es una descripción biográfica sobre metas, ambiciones y esperanzas, planes futuros y motivación del pasado y del presente de la vida del paciente.

---

54 Guttmann, David,1998, Logoterapia para profesionales. Editorial DESCLEE DE BROUWER.

Este cuestionario es útil para:

a.- detectar la presencia de vacío existencial en poblaciones tales como jubilados, alcohólicos etc; y a partir de ahí evaluar la posibilidad de tratamiento logoterapéutico.

b.- investigar y medir el grado en que una persona ha desarrollado el sentido de su vida.

Cabe aclarar que este tipo de prueba no debe nunca ser usado en exclusividad para tomar decisiones importantes. Es útil como recurso de investigación y para detectar aquellos casos más comprometidos en su estabilidad psíquica.

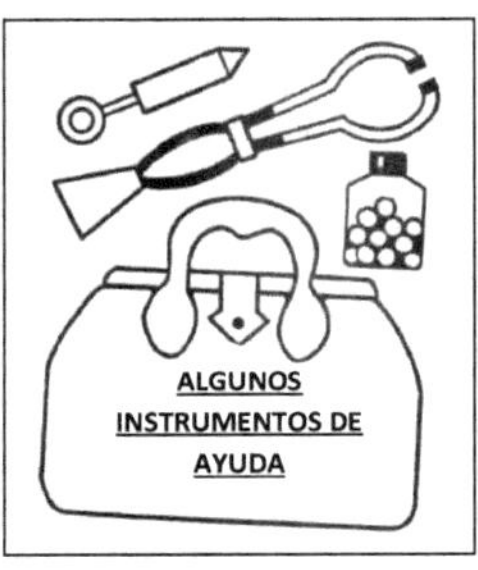

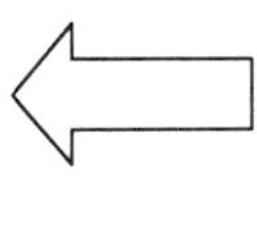

Prueba propósito vital. PIL

Escala de Längle

Logotest

Cuestionarios para realizar la Historia de vida

"Muchas tardes, cuando salgo de la Residencia y dejo a mi madre, me pregunto: ¿Qué sentido tiene vivir así?. No me conoce, no habla, solo se queja de los dolores. Es un sentimiento raro. Muchos días me voy llorando en el coche hasta casa. No quiero perderla, no quiero dejar de verla y tenerla cerca, pero..." [55]

Este es el gran reto que nos traemos entre manos. Ayudar a poner el sentido al sufrimiento, al dolor, al final de la vida, a los sentimientos de abandono, de perdida de cualidades. Podemos caer en pensar que " no tiene sentido vivir así" o activar nuestros recursos y creatividad para ayudar a que sea, justamente lo contrario.

La familia

Antes de meterme de lleno en las acciones destinadas, preferentemente, a nuestros residentes, creo que merece la pena detenerse en la figura de la familia.

"Me llamó mucho la atención, que me preguntase en la entrevista de acceso a la residencia, que gustos tenía mi padre, que música le gustaba, que perfume, que es lo que hacía cuando se podía valer por sí mismo...luego me explicaron que intentarían seguir cuidando la presencia de ciertos elementos en su día a día. Esto me hizo intuir que habíamos acertado viniendo a esta residencia. Mi padre importaba mucho, no era uno más. Estoy contento de que pueda aprovecharse de vivir aquí"

Desde la mirada de la logoterapia y desde todo lo que implica la Atención Centrada en la Persona, la familia es la principal conocedora de la persona con deterioro cognitivo. Esto y su lazo afectivo con el residente hacen que su presencia en el proceso de acompañamiento sea muy importante.

"Se precisa que las familias dejen de ser invisibles para los sistemas de protección social y se conviertan en verdaderos clientes de los servicios" [56]

---

55 Palabras de un hijo, anónimo, de una residente, días antes del fallecimiento de su madre en una Residencia.

56 Rodriguez, Pilar, 2013, La atención integral y centrada en la persona. Fundación Pilares, Papeles de la Fundación nº1.

Por lo tanto estamos llamados a crear y potenciar entornos, en los que las familias, puedan expresarse, participar en los programas individuales, detectar las acciones que generarían mayor sentido en la vida del residente, aclarar situaciones de su historia de vida...

Por otro lado, también estamos llamados a posibilitar que el propio familiar encuentre el sentido en la estancia de su ser querido en la residencia. Con frecuencia, nos centramos solamente en el residente. Él es nuestro "cliente". Y nos olvidamos de atender a los familiares. ¿Qué supone para el hijo que su madre haya venido aquí? ¿Cómo ayudarle a que aborde el final de la vida de su padre? ¿Qué sentido puede tener para su vida esta última etapa de su madre? ...

Existen centros residenciales donde los familiares más cercanos forman parte del llamado "grupo de apoyo". Juntos, como he dicho antes, completan la Historia de Vida del residente y ponen en marcha las actividades que contribuyen al desarrollo del Plan de Atención. Esta participación garantiza los derechos y preferencias, además de que dan veracidad a la información sobre la historia del residente y ayudan que se pueda sumar a todos los conocimientos y valoraciones de los profesionales.

Los familiares van a aportar mucho a identificar y reconocer los recursos acordes al residente, van a saber reconocer las reacciones emocionales como nadie y orientar hacia la mejora o el cambio en las acciones.

Así mismo, todos somos testigos de situaciones en la que la sola presencia de un familiar ya es capaz de llenar de sentido la vida de una persona. Solamente tengo que recordar las visitas de mis hijos a mi madre, su abuela. El día que uno de los nietos va a su casa a comer, aquello es una fiesta. Es un día especial porque es un día cargado de sentido, un día donde el título de abuela es suficiente, lo llena todo.

Ser capaz de ser con el otro, hacerme con el otro, co-ser, co-existir, existir juntos en el seno de una comunidad. Esta capacidad de sentirse junto al otro abre a la posibilidad de solidaridad, de simpatía y de compromiso. Ser uno y todo. Alojar dentro de mí a los otros y ser huésped de ellos en su amor. En esto consiste la esencia de la familia. Nombrar y hacer propio a cada uno de los miembros. Por ello es fundamental que cuidemos la presencia de la familia, las visitas, la implicación en todo el proceso y la relación con los residentes.

Por otra parte existen situaciones en las que el residente no puede tomar por sí mismo decisiones y estas han de ser asumidas por el familiar o el tutor legal, responsable de velar por la "autonomía de la persona que precisa cuidados". Otro momento en los que debemos estar muy vigilantes y posibilitar que la decisión también sea una determinación acorde a la biografía, al código ético, al estilo de vida y a los valores del residente. De esta manera seguiremos en un proceso y camino lleno de sentido para el familiar y el residente.

Por todo ello y para ello, me parece importante el crear y/o potenciar en nuestra residencia un espacio de “atención a las familias”:

- Recogida e información de datos para la historia de vida del residente
- Planificación con el familiar del Programa de Atención Individual y del TZADIK (explicaré lo que es más adelante, en la propuesta de actividades).
- Concreción de los momentos de presencia de los familiares dentro de las acciones encaminadas a ayudar a encontrar sentido en la vida (dependiendo de cada persona: en el momento de la narración de historias, la lectura de libros, de poesías...)
- Servicio de “centro de escucha” para familiares donde puedan expresar como se sienten, cuáles son sus preocupaciones e ilusiones. También donde podemos ayudarles a encontrar el sentido en la permanencia de su familiar en la Residencia y en la etapa de la vida que, juntos, están viviendo.
- Servicio de acompañamiento en el final de la vida del residente, para familiares. Desde la relación de ayuda abordaremos el sentido que esta importante etapa puede tener para el familiar. En las Residencias, nos suele pasar que una vez que se produce el fallecimiento, se pierde la relación con las familias. Parece que el “contrato” ha terminado. Pero yo creo que no debe ser así. Nos queda pendiente el poder atender todo lo que es el “acompañamiento en el duelo” de los familiares y poder ayudar a encontrar sentido en esta nueva situación vital.
- Oferta de talleres de formación para familiares sobre lo que es la logoterapia y las técnicas que podemos utilizar para encontrar el sentido en la vida. Así mismo, otros talleres relacionados con la resilencia, el acompañamiento, la escucha...van a ser de gran ayuda para los familiares.

Cuando llega el Alzheimer/ deterioro cognitivo

Hay muchos tipos de deterioro cognitivo. El Alzheimer es uno de ellos. El más frecuente en nuestras residencias y sobre el que me quiero detener.

El Alzheimer es una enfermedad degenerativa de las células cerebrales progresiva, y lamentablemente hoy en día sin solución. No hay tratamiento para frenar la evolución, solo aquellos que actúan sobre la sintomatología.

Al comienzo se notan los primeros problemas con la memoria. Dificultades para recordar nombre de conocidos, para seguir una conversación, para encontrar cosas guardadas.

Si viviéramos en una cultura de búsqueda continua de sentido en la vida no sería necesario vivir esta primera fase de la perdida cognitiva como una "prorroga" que nos da la vida para comenzar a prepararnos y tener las herramientas necesarias para ayudar a buscar sentido en la vida que queda por delante. Desgraciadamente nos acordamos cuando "vemos las orejas al lobo" y la primera etapa de perdidas esporádicas de memoria nos sitúa ante la urgencia de no perder el tiempo e ir elaborando una buena historia de vida, un exhaustivo análisis existencial, que nos ayude abordar las siguientes fases del deterioro cognitivo.

Es difícil descubrir un "sentido" al sufrimiento, es complicado acompañar este proceso de búsqueda. En esta primera etapa de la pérdida cognitiva nos vamos a encontrar, tanto en familiares, como en residentes con un proceso similar al del duelo por pérdida, esto es, las cinco etapas señaladas por K. Ross (modelo comúnmente conocido como las cinco etapas del duelo, fue presentado por primera vez por la psiquiatra suizo-estadounidense Elisabeth Kübler-Ross [57]en 1969): no aceptación, coraje y protesta iniciales, depresión, encuentro de un sentido, y aceptación del mismo.

Este proceso se puede ver a través de tres preguntas, que van a salir a flote durante el mismo:

1. ¿Por qué? Por qué esto, por qué a mí (dimensión del ego).
2. ¿Para qué? Qué sentido tiene esto para mí (dimensión del alma).
3. ¿Qué hago? Qué hago con esto en mí, en mi vida, cómo lo encaro.

---

[57] Kübler-Ross, Elisabeth, 1969, On death and dying.

Kübler-Ross, Elisabeth, 2012, Sobre la Muerte y los Moribundos, Editorial Random House, México

Nuestra labor como acompañantes, es ayudar poner respuesta a cada una de estas preguntas.

Buscando el sentido en cada etapa:

He comenzado analizando la realidad que ocupa nuestras Residencias, hemos proyectado datos que nos permiten imaginarnos el futuro, hemos analizado lo que nos define, el cómo somos, y desde esa definición hemos redescubierto lo que es la Atención Centrada en la Persona como premisa para la Logoterapia.

Hemos hecho una parada especial en lo que es y supone hacer la historia la vida, y desde allí, con todo esto en la maleta, nos hemos adentrado en lo que es y no es la logoterapia, su definición, su historia, sus fundamentos, su espacio dentro de nuestras Residencias.

Ahora nos toca "el momento del aterrizaje": Ya sabemos lo que es, lo que necesitamos y la importancia del tema que nos traemos entre manos.

En este momento nos situamos en nuestra Residencia, enfrente de una persona dispuesta a vivir en este lugar la última etapa de su vida. Tiene un estado de deterioro cognitivo progresivo. Quizás se encuentre en la primera fase, pero no tardará en avanzar. Con él y con su familia contratamos la atención integral. Lo hacemos como siempre que firmamos un contrato, sin darle mucha importancia. Pero ahora caemos en la cuenta de lo que estamos firmando. Acabamos de hacernos acompañantes de su vida y cómplices para hacer que encuentre el sentido en su vida y en esta nueva etapa. Quizás no lo ponga así de claro en el contrato. Pero somos corresponsables de que nuestro nuevo residente llene cada momento de su vida de sentido.

Como hemos visto, la logoterapia se centra mucho en técnicas basadas en el lenguaje y la comunicación. Cuando llegue una fase avanzada de Alzheimer o deterioro cognitivo no vamos a poder hacer uso de estas técnicas, tal y como estaban pensadas. Es cierto. Pero esto no quiere decir que no podamos hacer nada para ayudar a que cada día tenga sentido para la persona a la que queremos atender, cuidar, curar y acompañar.

El Alzheimer es un tipo de demencia. La más común. Por ello, lo voy a utilizar como guía de presentación de las acciones que voy a presentar. Creo que, fácilmente, se pueden extrapolar a otros tipos de procesos de demencia.

Voy a enumerar acciones concretas que nacen desde la experiencia de atención a personas asistidas. Comenzaré por el grado más severo de deterioro, sabiendo que lo que hacemos en la fase de peor estado también se puede hacer en la fase moderada y en la de inicio. De esta forma iremos sumando acciones.

TERCERA FASE. ESTADIO SEVERO

Síntomas de esta fase: Experimentan una pérdida severa de la memoria, la capacidad de procesar la información y la comprensión del tiempo y del lugar. Pierden su capacidad de hablar, aunque todavía pueden decir palabras o frases. Puede balancearse hacia adelante y hacia atrás o repetir el mismo sonido o palabra. También pueden retorcer constantemente las manos, tirar de la ropa, tocarse Se sienten más agitados por la tarde. Necesita ayuda para comer y usar el baño. No pueden controlar la orina y las heces. Pierden la capacidad de caminar solos, la capacidad de sentarse sin apoyo, la capacidad de sonreír, y la capacidad de mantener la cabeza erguida. El cerebro parece ya no ser capaz de decirle al cuerpo lo que debe hacer. No pueden tragar bien y pierden peso. Son sensibles a infecciones, especialmente a la neumonía Precisan ayuda todo el tiempo con el cuidado personal

A pesar de todos estos síntomas ha quedado demostrado que todavía se puede experimentar el mundo y conectar con él a través de los sentidos. También se mantiene la capacidad de sentir miedo o seguridad, de sentir la paz, de ser amados o sentirse en soledad.

PROPUESTA DE ACTIVIDADES:

LA FOTO DE MI VIDA	Desde la historia de vida de cada persona es importante trabajar la comunicación y volver a narrar todo lo vivido. Es de enorme utilidad el ir enseñando las fotografías de su álbum. Hay un trabajo previo de recolección de fotografías con todo su entorno social y de montaje. Tiene una buena aceptación el escanear las fotografías y proyectarlas en pantalla grande, a la vez que vamos narrando el contenido de la escena. Ejemplos de valores que se pueden potenciar con esta actividad: pertenencia, amor, cuidado, compartir (de actitud), autoestima (vivenciales)
LA HORA PREFERIDA	Todos los días se reserva un espacio para desarrollar esta acción. Se trata de dar curso, en esta hora, a una de las cosas favoritas de nuestro residente Un día podremos poner la música que le gustaba. Otro podremos oler sus perfumes, otro leer los poemas que le gustaban o releer sus libros preferidos. Ejemplos de valores que se pueden potenciar con esta actividad: dejarse cuidar (de actitud), empoderamiento, confianza , bienestar y seguridad (vivencial), vínculo/identificación con la residencia y el entorno (creativos)
CUENTOS QUE CURAN	Se selecciona cuentos que son populares y que se conocen por parte del residente. Se narran acompañados de técnicas de dramatización y expresión corporal. En esta acción se trabaja mucho la reminiscencia, que ya desde la teoría de Platón, aporta un plus al conocimiento, y revive el sentido de lo vivido. Ejemplos de valores que se pueden potenciar con esta actividad: imaginación, recuerdos(creativos y vivencial) actualización de lo vivido (creativo)
HOY COMEMOS... LO QUE A TI TE GUSTA	Desde la historia de vida se conocen las preferencias en la alimentación de la persona. Un día a la semana se establece el día de la comida del plato preferido. En el comedor se anuncia antes de comenzar. Hoy comemos "patatas a la riojana porque es el plato preferido de Julia" Ejemplos de valores que se pueden potenciar con esta actividad: Autoestima, identidad con la residencia, bienestar, afectividad (creativos, vivencial y de actitud)

PLAN INDIVIDUALIZADO DE ACCIONES , que GENERAN SENTIDO,EN LA VIDA ORDINARIA "TZADIK"	Elaboramos un cronograma de todas las acciones que el residente va a hacer cada día teniendo en cuenta sus gustos y preferencias. *Tzadik* literalmente significa mantener el rumbo, permanecer en el camino. Nombre apropiado para esta acción. Un plan que nos ayuda a mantenernos en el camino de la búsqueda de sentido. Un ejemplo, de un día concreto, en un "TAZDIK" de una persona que ha sido profesora de música en la universidad, muy religiosa, y a su vez madre de cinco hijos: <u>TZADIZ para el Martes 04 de Agosto</u> 8.30 h Despertar con música de Verdi (uno de sus compositores preferidos) 9 h Aseo y desayuno 9.30 h Lectura de la oración de la mañana (de su libro de oraciones) 10.00 h Actividades generales (configuradas según su historia y necesidades, hoy toca la actividad de fotografías del pasado) 12: 00 h Televisión , visión de un concierto de la orquesta nacional 13: 00 h Comida. Hoy es el día del plato preferido para nuestra residente, se le ha hecho una paella valenciana según lo que nos cuenta su hija era su comida preferida. 16: 00 Sesión de fisioterapia 17: 30 La hora preferida 19:00 Eucaristía diaria 20.00 h cena y descanso Antes de dormirse leemos unas páginas de una de las novelas preferidas de nuestra residente. Ejemplos de valores que se pueden potenciar con esta actividad: Seguir "siendo"= coherencia, identidad, seguridad, cumplir con la tarea encomendada, dedicación, vocación.(Creativos, vivenciales y de actitudes) En una primera fase, el Tzadik debe realizarse para cada residente. Pero una vez que el proceso está asumido y todo el equipo de profesionales de la residencia lo tienen interiorizado, creo que lo ideal es que sea un apartado más del Programa de Atención Individualizada (P.A.I.)

MIRAR...TE	Taller de interioridad Utilizamos el silencio y la música para crear un ambiente donde sea posible navegar hacia el interior de cada uno. Salpicamos el silencio con pequeños textos y/ o preguntas que nos puedan ayudar Ejemplos de valores que se pueden potenciar con esta actividad: intimidad, mundo interior y los principales valores cristianos: amor al prójimo, justicia, bondad... (experienciales y de actitudes)
CON SENTIDOS	Taller donde trabajamos los cinco sentidos. Por los sentidos recibimos información del entorno que nos rodea, elaborándose sensaciones y percepciones al experimentar con ellos. A través de estos ejercicios de reconocimiento se trabajan funciones como el lenguaje, la reminiscencia, las gnosias (capacidad de reconocer o dar significado a lo captado por los sentidos)... Los cinco sentidos nos abren a la realidad, nos recuerdan lo que somos y lo que podemos sentir. Ejemplos de valores que se pueden potenciar con esta actividad: autoconocimiento (de actitud) agradecimiento vital (vivencial) sensibilidad (experiencial)

Soy consciente de las importantes limitaciones que nos encontramos en esta etapa, pero también de lo fundamental que es que asumamos nuestro papel de acompañantes en la búsqueda de sentido.

Es la etapa donde la vida ha "perdido" todo o casi todo lo que vale a los ojos de muchos. Es la etapa donde el sufrimiento se puede multiplicar sino somos capaces de ayudar a encontrar o, mucho mejor dicho, reencontrar el sentido en la vida.

En este caso, como en tantos otros, lo más difícil es lo más necesario.

A parte de las acciones concretas que podemos desarrollar para ayudar a reencontrarse con el sentido, me parece importante subrayar que no podemos olvidarnos de introducir entre nuestras acciones dos ejes transversales que corten todos los días de la Residencia:

- Por un lado no olvidarnos de verbalizar, en presencia del residente, lo mucho que nos aporta su presencia entre nosotros. Corremos el riesgo de pensar que no vale para nada que hablemos, de caer en la hiperactividad y olvidarnos que estamos ante una persona que necesita

escuchar que la queremos, que la necesitamos y que su presencia nos aporta mucho. Aunque no nos pueda contestar verbalmente.
En esta línea es muy importante celebrar los cumpleaños de todos los residentes de la misma forma, o tener en cuenta las fechas señaladas (aniversarios de bodas, fechas importantes en su historia de vida...). Sobre todo a las madres, les suele gustar que se le recuerde el día en que nació su primer hijo, y se les diga que hoy se su aniversario como madres.
El recordar las fechas (teniendo cuidado de que sean significativas y traigan recuerdos cargados de positividad) es una maravillosa oportunidad para dejar claro que la vida de todos es un regalo para todos.

"La persona que ataca los problemas de la vida activamente es como un hombre que arranca sucesivamente las hojas del calendario de su vida y las va archivando cuidadosamente junto a los que le precedieron, después de haber escrito unas cuantas notas al dorso. Y así refleja con orgullo y goce toda la riqueza que contienen estas notas, a lo largo de la vida que ya ha vivido plenamente. ¿Qué puede importarle cuando advierte que se va volviendo viejo?".[58]

- Por otro lado, veo como muchas veces "movemos" a residentes con deterioro avanzado dentro de la programación y nunca les preguntamos qué les parece esto o aquello, nunca les informamos donde les vamos a llevar. En nuestro interior está muy grabado que no nos van a responder y que sería una pérdida de tiempo hacer una pregunta sin respuesta aparente. No importa que no obtengamos una respuesta oral. Lo importante es nuestra actitud. Lo fundamental es dejar claro y dejarnos claro que el "otro" es el importante.
  Creo que debemos cambiar esta forma de trabajar que nos lleva a actuar sin pensar y darnos cuenta de la importancia de nuestro cambio de actitud, para ellos y para nosotros.

[58] Frankl, V. 1981, El hombre en busca de sentido. Editorial Herder.

SEGUNDA FASE: MODERADA

Síntomas de esta fase:

Presentan un mayor grado de dependencia con respecto a los cuidados personales. Existe una incapacidad para realizar tareas complejas.

Va a requerir ayuda para seleccionar la ropa de vestir adecuada, aunque pueden seguir vistiéndose solos.

Pueden tener más dificultades para mantener una higiene adecuada, siendo necesaria la supervisión para el aseo.

Requieren ayuda en la toma de decisiones y para controlar su economía. Pueden seguir comiendo solos. Son personas que se pierden en lugares desconocidos, aunque reconozca los sitios familiares.

Aquí se va a empezar también a producir un abandono de las actividades sociales en las que participaba, así como una disminución en su interacción con otras personas.

Pueden aparecer síntomas psiquiátricos como ansiedad, trastornos emocionales, alteraciones del sueño, agitación, irritabilidad e ideas de robo

Se van a observar mayores dificultades para comprender los mensajes que les damos. Hay que repetirles los mensajes varias veces.

Así mismo, también tienen mayor dificultad para expresar sus pensamientos por no poder encontrar las palabras adecuadas, por lo que mantener una conversación es más complicado.

También mantienen la capacidad para intercambiar saludos, así como para agradecer posibles favores.

El déficit de memoria se observa sobre todo al intentar retener datos que se le dan; por esto, acciones como el aseo hay que dividirlas en varios pasos, para que puedan realizarlas correctamente.

Mayores dificultades para recordar datos de su vida actual, recordando más datos autobiográficos del pasado. A nivel de cálculo presenta dificultades, sobre todo con las restas

Va a presentar una desorientación temporal (dificultades para recordar la fecha, el mes, el año o el día de la semana). Se observa también desorientación espacial (duda con su dirección completa)

Existen alteraciones en la concentración y en la capacidad de atención.

A pesar de los síntomas descritos, se nos abre un horizonte amplio para poder trabajar y ayudar a que se llene de sentido esta etapa de la vida.

Insisto, en que todas las acciones desarrolladas en la primera etapa pueden aplicarse a personas con un estado moderado, además de esas, añado estas otras:

"NO ESTAMOS SOLOS..."	Taller de solidaridad donde es importante partir del conocimiento de una realidad cercana de empobrecimiento y para la que nos ponemos a actuar, mercadillo solidario, rifas, comidas benéficas... Se elabora un plan de acciones solidarias que vamos a llevar a fin durante el año y nos distribuimos las tareas: Unos tejen bufandas, otros pintan, otros envuelven los regalos de la rifa... Ejemplos de valores que se pueden potenciar con esta actividad: solidaridad, fraternidad, compromiso, importancia de mi servicio, justicia, honradez, autoestima ...(creativos y vivencial)
RISOTERAPIA	La risoterapia, desvela la alegría de vivir y genera sentimientos positivos, de entusiasmo y de amistad. No un humor impuesto, pero si con un motivo. El buen humor está muy presente en la logoterapia y parte esencial en la búsqueda de sentido Ejemplos de valores que se pueden potenciar con esta actividad: amistad, bienestar, estabilidad, positivismo, optimismo, estimulación...(creativos, vivenciales y de actitud)
MUSICOTERAPIA	La musicoterapia es en esencia logoterapéutica ya que es la utilización de la música con un "sentido". Con la música conseguimos un nivel elevado de conciencia que facilita el encuentro con el sentido de la vida. "La conciencia es el órgano de sentido" Viktor Frankl Ejemplos de valores que se pueden potenciar con esta actividad: desarrollo emocional, manifestación de tensiones, miedos, bloqueos, anima la actividad, estimulación, socialización, (creativos, vivenciales y de actitud)

"¿Qué QUEDA POR HACER?"	Sesiones de acompañamiento personal donde se pretende vivir la finitud de la vida en la debilidad. Si pudiera... ¿Qué me gustaría hacer? ¿Para qué? ¿Cuándo? Se pueden utilizar técnicas de grabación en video a modo de entrevista y luego ver el resultado con el residente, a la vez que se comenta. Al desarrollar esta actividad, lo normal es que en una primera fase salgan acciones pendientes de hacer (sueños) irrealizables (ej.: me gustaría dar la vuelta al mundo en bicicleta...). El acompañante debe ayudar a ir profundizando y llegar a desvelar aquellas acciones pendientes y realizables en la vida, incluso a saber leer entre los sueños irrealizables lo que ayudaría a encontrar sentido en la vida (siguiendo con el ejemplo: quizás no se pueda dar la vuelta al mundo en bicicleta, pero si pueda montar y participar en alguna marcha de aficionados, ya que ahora sabemos que su afición es el ciclo turismo...) Ejemplos de valores que se pueden potenciar con esta actividad: imaginación, estabilidad, confianza, empoderamiento (creativos y vivenciales)
¡¡¡UN NUEVO DIA!!!	Después del desayuno y antes de comenzar con las actividades, es el momento de crear este espacio que queremos que nos ayude a tomar conciencia de que hoy es único e irrepetible. Vivir como si hoy fuera el último día. Potencia la actividad el hacerla en grupo con el resto de residentes. Es un momento que se puede hacer en el mismo comedor, antes de levantarse. Solo debe durar unos pocos minutos. Nos podemos apoyar en una poesía, una canción.. Ejemplos de valores que se pueden potenciar con esta actividad: encuentro con nuestra limitación, agradecimiento, relación con la trascendencia, alegría y positivismo (vivencia y actitud)
TE NECESITAMOS	Desde la detección de las potencialidades del residente, marcamos acciones concretas de ayuda en la actividad de la residencia. De esta manera Luisa (profesora de literatura durante 30 años) da lectura a un libro a María (residente con estado avanzado de alzhéimer). Josefa (modista durante más de 20 años) ayuda doblar la ropa en lavandería ...

	Esta es una de las acciones que mejores resultados ha dado en muchas Residencias. Ayuda a sentirse valioso en el proyecto, a colaborar con la residencia como respuesta de agradecimiento, a saberse necesario en la vida. En muchas ocasiones hay que hacer un acompañamiento detallado del servicio encomendado y no valorar si el trabajo se hace bien o no. No nos tiene que importar si las servilletas se doblan bien, quizás nos toque ir por detrás rehaciendo la tarea. Lo importante es el encargo, no tanto la ejecución. Ejemplos de valores que se pueden potenciar con esta actividad: compromiso, autoestima, motivación, superación, servicio, solidaridad, fraternidad, amor... (creativos, vivencial y actitud)
HORTICULTURA HORTOTERAPIA	Mejora el estado físico, psicológico, cognitivo y social y fomenta el envejecimiento activo. Es una actividad muy bien recibida sobretodo en residentes que han tenido huerto o han vivido en el entorno rural. El cuidado de un pequeño huerto genera una dependencia entre lo cultivado y la responsabilidad adquirida del residente. Ejemplos de valores que se pueden potenciar con esta actividad: compromiso, superación, autoestima, dedicación, apoyo a otros...(creativos, vivencial y actitud)

En estas acciones queda subrayada la importancia de que se pueda reflexionar sobre todo lo que se ha dado en la vida y todo lo que queda por entregar a los demás (acciones como "no estamos solos" o ¿"qué queda por hacer?" nos van a ayudar a ello). "La gente más feliz es la que ha sido capaz de explorar cuál es su don, y darlo a la sociedad " [59]

Como vemos, se van sumando acciones concretas. Todas ellas nos ayudan a acompañar el encuentro con el sentido. Las acciones, herramientas para el fin a conseguir, deben estar muy abiertas al cambio (al igual que el sentido en la vida deben ser dinámicas). Deberemos llenarnos de creatividad y capacidad de adaptación para poder introducir nuevas acciones o adaptar las que tenemos a las situaciones que se nos vayan presentando.

59 Francesc Torralba 2012 , La lógica del don, Editorial Edelvives.

PRIMERA FASE

Esta primera etapa se caracteriza por tener algunas pérdidas de memoria: ocasionalmente se le olvidan algunas cosas, pueden perderse, olvidar sus citas o nombres de personas. Estas pérdidas de memoria pueden pasar inadvertidas por ser bastante leves pero con el tiempo pueden interferir en el día a día de la persona. En cuanto al comportamiento destacamos cambios de humor e incluso enfados del enfermo cuando se dan cuenta que pierden el control de lo que les rodeas. En esta fase realizan frases más cortas, mezclan ideas sin relación directa, tienen problemas para encontrar palabras, aunque continúan razonando adecuadamente.

En esta etapa, además de las anteriores acciones (adaptadas a cada persona y situación) se pueden desarrollar con mayor facilidad, las técnicas (anteriormente desarrolladas) propias de la logoterapia.

Entre ellas quiero resaltar:

PSICODRAMA	Como he dicho antes, es una técnica utilizada por la logoterapia, se trata de una representación en la que representamos algo que nos preocupa y esta representación nos ayuda a tomar conciencia de ello. Ejemplos de valores que se pueden potenciar con esta actividad: imaginación, persistencia, compañerismo, confianza empoderamiento, finitud y valor de la vida (creativos y vivenciales)
MI HISTORIA DE VIDA	Con aquellos residentes que les guste la escritura se puede invitar a que (con el acompañamiento necesario) vayan narrando su biografía. Con otros se puede utilizar los medios audiovisuales (grabación de voz, video...) Ejemplos de valores que se pueden potenciar con esta actividad: Autoestima, encuentro con los errores cometidos, misericordia, encuentro con uno mismo como ser único, detección de mis valores (vivencial y actitud)
MI BAULDE RECUERDOS	Metemos en un baúl, todos los recuerdos importantes de la vida. Para algunos tendremos objetos que los representen, para otros deberemos crear un objeto que nos lo simbolice.

	La primera fase de esta acción es marcar los momentos importantes en mi vida. Aquellos que no se olvidan tan fácilmente y que siempre voy a recordar por lo que han supuesto. Seguidamente se simbolizan en unos objetos y se meten en un pequeño baúl. Este baúl puede ocupar un lugar importante en la habitación, o en una sala para ello... Ejemplos de valores que se pueden potenciar con esta actividad: detección de lo importante, síntesis de lo vital, comunidad... (de actitud, creativos y vivencial)
MI ALBUN DE FOTOS Y VIDA "LOS AÑOS TIENEN VIDA"	Se van recordando los años vividos y acompañando de fotografías y testimonios de familiares. Todo ello se recogen en un libro que se presenta como un resumen de la vida. Ejemplos de valores que se pueden potenciar con esta actividad: importancia de lo que tiene valor, estima, familia, amistad...(creativos y vivenciales)
EL JUEGO DE LOS VALORES	Se trata de poner carteles con diferentes valores de la persona. Cada uno debe elegir los tres que considera principales en el momento en que está viviendo. El juego consiste en encontrar otra persona que también haya elegido los mismos. El trabajar la jerarquía de valores prepara el terreno para encontrar el sentido de la vida. Con esta actividad trabajaremos todos los valores, al ser conscientes de su presencia (de actitud, creativos y vivenciales)

Muchas de las acciones desarrolladas en esta primera etapa, las vamos a utilizar cuando el alzhéimer vaya avanzando. Es muy posible que volvamos a trabajar con el baúl de los recuerdos o el álbum "los años tienen vida" en etapas más avanzadas de deterioro.

Como se ve claro, con estas acciones (las marcadas para las tres etapas) vamos desarrollando los valores que la logoterapia nos marca como guía para encontrar el sentido. He subrayado aquellos valores que, desde mi experiencia en la realización de estas acciones, creo que se trabajan con más intensidad, pero veo que todas las acciones son aptas (en mayor o menor medida) para avanzar en el desarrollo de los valores creativos, vivenciales y actitudinales.

No se trata de hacer todas las acciones, ni siquiera se trata de hacer estas acciones. Como he dicho, solamente comparto algunas que funcionan. El trabajo en red y la apuesta por la logoterapia en nuestras residencias nos van a llenar páginas de acciones creativas y que respondan a las necesidades de cada momento.

El final de la vida

Suelen decir que nadie da lo que no tiene. El apóstol San Pablo de Tarso, ya les avisó a los que vivían en Gálatas (Gal 6:7) que solamente lo que se cosecha se siembra.

Y es que a la hora de acompañar el final de la vida, hay mucho que tiene que ver con el sentido que tiene la vida ante la muerte y el sentido de la muerte ante la vida.

Ciertamente nadie, de los presentes en este mundo, conoce lo que nos vamos a encontrar en el momento del final de la vida. Es un misterio, algo por descubrir, algo reservado para cada uno de nosotros.

Hoy por hoy, se vive de espaldas a este misterio. Preferimos no hablar de ella, no afrontarla. Se siguen ocultando diagnósticos médicos que desvelan el final de la vida, no se habla de ella a nuestros hijos, es un tabú...todo esto es una verdadera dificultad para la persona que , inevitablemente, se enfrenta a sus últimos momentos en este mundo.

Las principales actitudes descritas ante la muerte son: ansiedad, temor, preocupación y aceptación.[60]

Ante esto, y como he dicho al comienzo, es importante ponerse a sembrar en vida, prepararse para la muerte, tomar conciencia de la misma y aceptar esta posibilidad: Es curioso, pero hay personas que vienen al Centro de Escucha, y me dicen que nunca, NUNCA, han hablado de la muerte con nadie. Si somos acompañantes, como primer paso, tendremos que saber ayudar a asumir la posibilidad de nuestra propia finitud de una manera consciente.

"Esta mañana el médico me ha dicho que el cáncer avanza rápido. Quizás en unos meses... ¿qué sentido tiene ya que sufra en este mundo?"

Esta afirmación es una primera reacción, muy escuchada, en el primer encontronazo con el final de la vida. Si somos capaces de pensar que la vida tiene sentido, a pesar de que puede llegar el final, es posible que sea más fácil el enfrentamiento con el momento de la muerte.

Para V Frankl, el sentido de la vida es algo a lo que cada ser humano solo puede responder con su propia vida en su situación concreta. Como hemos visto, la forma de encontrarlo es a través de la realización de valores (creativos, experienciales y de actitud). Dichos valores pueden orientarse hacia más allá de uno mismo mediante la capacidad del hombre de auto trascenderse. En la búsqueda de sentido, el hombre se acaba preguntando por las causas últimas

60 Neimeyer Robert, 1997, Métodos de evaluación de ansiedad ante la muerte, Paidos Iberica.

de la existencia que abarcan factores religiosos o espirituales y que ayudan a configurar un sistema de significado. Este remitirse a las causas ultimas puede ayudarnos a dar un mayor sentido al dolor y la muerte.[61]

Para los creyentes, el remitirse a esta causa última, tiene mucho que ver con Dios. En el siguiente capítulo me detendré en este punto.

"Creer en un Dios quiere decir comprender el sentido de la vida. Creer en un Dios quiere decir ver que con los hechos del mundo no basta. Creer en Dios quiere decir ver que la vida tiene un sentido." [62]

Dicho de otra forma. En la búsqueda de sentido, tarde o temprano, nos encontramos con el final, porque la muerte forma parte de la vida. Basta ya de poner barreras en la vida que se convierten en fuertes fronteras a la hora de abordar el tema por necesidad y cercanía. Basta ya de no hablar de nuestra finitud en los colegios, en la catequesis, en nuestras familias. Solamente podemos vivir una vida llena de sentido, si nos preparamos también para el final de ella.

La vida del hombre no es más que un precipitado movimiento hacia la muerte, según se expresa San Agustín. El cual tiene claro que solamente encarando la muerte nace el ser del hombre.

Es fundamental, que en la Residencia el tema de la muerte esté presente y deje de ser algo "prohibido". Muchas veces veo que a los difuntos se les oculta, se les saca por la puerta de atrás, y esto no contribuye a ayudar a la búsqueda de sentido, sino todo lo contrario.

Cuidemos la despedida, abordemos con esperanza y con sentido el final de la vida de nuestros residentes. Vivamos intensamente, como un importante acontecimiento, el final de la vida de uno de ellos. Utilicemos la puerta trasera de la residencia para otras cosas sin importancia, para lo que hace daño, para lo que no es necesario. Pero en el momento de la muerte, abramos todo lo que haya que abrir, abramos nuestro corazón y nuestra vida Hoy no es un día cualquiera, hoy es el día del fallecimiento de un residente, un día cargado de sentido, que desborda sentido y del que todos podemos dejarnos salpicar.

El poeta Rilke, en el libro de la pobreza de la muerte [63] empieza subrayando que muchos no saben morir (me permito añadir: a muchos no les dejamos aprender a morir), que no llegan a madurar y a elaborar su propia muerte,

---

61 Frankl, Víktor, 1999. El hombre en busca del sentido último. Ed. Paidós.

62 Ludwig Wittgenstein ,1916,"Diario filosófico", 8.7.16.

63 Rike,Maria,1999, La pobreza de la muerte, Espasa Calpe, Colección Austral.

muriendo una muerte en serie, que nada tiene que ver con ellos. La tesis del poeta es "vivir la propia muerte". Si somos capaces de ayudar a que los residentes, puedan vivir la muerte y no negarla, el duelo anticipado puede convertirse en una experiencia de crecimiento y humanización.

Llenemos nuestro depósito de "resilencia" (capacidad para afrontar la adversidad)[64] y dediquemos tiempo a ello y a ellos.

"Las palmeras se doblan. Esta metáfora de las palmeras, que dejan pasar los fuertes vientos, se doblan y agachan su cabeza, pero se recobran y siguen creciendo después de las tormentas, robusteciendo así su tronco su resistencia, es utilizada para hablar de la resiliencia. Es un tipo de respuesta general de fortaleza ante la crisis" [65]

Sabemos que es duro y doloroso ayudar a cerrar una vida. Nos va a desvelar nuestra fragilidad, nuestra pequeñez y vulnerabilidad. Sin embargo, superado el miedo, el encuentro lleno de verdad ayudará a elaborar un camino en lo que sabe que está perdiendo, ayudará a poner orden en el desorden [66] y a narrar la vida.

Muchas veces el momento final llega sin avisar, pero otras veces no es así. La mayoría de los fallecimientos en las Residencias, se dan por causas unidas a la edad y las enfermedades diagnosticadas previamente. Esto nos hace que podamos vivirlo como una oportunidad de crecimiento personal donde vamos a poder reconfigurar nuestra escala de valores y prioridades, vivir el presente con mucha intensidad, dar una mayor profundidad a todo lo vivido, cuidar mucho la comunicación , abrirse a la relación con lo trascendente, hacer una síntesis de todo lo vivido ... En bastantes ocasiones, me he encontrado con personas con grandes problemas emocionales o de relación, que ante un diagnóstico de cáncer, ha reconfigurado su vida de otra forma y ha vivido una etapa final llena de sentido y vida. El sentir el final de la vida cerca, está claro, que resetea, y pone en primer lugar, lo verdaderamente importante.

En mi experiencia, he visto de cerca la importancia de la despedida en muchas personas. No hay nada como poner palabras a la relación que uno ha tenido en la vida, y no hay mayor regalo que escuchar, cuando uno se va, que su vida ha merecido la pena y que va a seguir vivo en el recuerdo y el corazón del que se

---

64 Rivero, Rocio .2015.EL SENTIDO DE LA VIDA ES UNA VIDA CON SENTIDO. LA RESILENCIA. . DESCLEE DE BROUWER

65 Bermejo, Jose Carlos, 2011,Resiliencia educativa, Artículo publicado en: Revista Humanizar.

66 Malherbe, JF., 1993, HACIA UNA ETICA DE LA MEDICINA, Editoria San Pablo

queda. Sinceramente, la despedida, favorecer la posibilidad de pedir perdón y de dar gracias, es la mejor medicina en los últimos momentos de la vida y la mejor garantía de un duelo sano para el que se va y para el que se queda.

Es fundamental que en la Residencia exista el espacio necesario para que se pueda expresar la expectativa que cada uno tiene ante la muerte. Un espacio lleno de respeto y de aceptación incondicional. Un espacio donde podamos recoger el sentido que para cada persona tiene su final en esta vida y podamos acompañarlo con el objetivo de ayudar a que encuentre sentido. No se trata de forzar conversaciones, ni mucho menos. En la Residencia, tenemos la gran ventaja que contamos con muchas horas (todas las del día) para ponernos "a tiro", para estar disponibles a escuchar. Cuando menos nos esperemos, llegará el momento en el que debemos acompañar y estar preparados para ser auténticos, poner en práctica la empatía y la aceptación incondicional.

Cuando nos encontramos con avanzados estados de deterioro cognitivo es muy importante el trabajo que hayamos podido hacer con anterioridad. Cuando el avance del Alzheimer no era tan elevado ¿hemos podido hablar con el residente del momento de su muerte? ¿Conocemos su testamento vital? ¿Hemos preparado el terreno, sabemos cómo lo vive, hemos "sembrado"?.

En ocasiones no hemos podido hacerlo, quizás el residente ya ha venido a la residencia con un estado de deterioro cognitivo elevado y nos encontramos con los problemas de la comunicación. En esta situación coge mucho peso el que podamos hablar con la familia, con los más cercanos, el que nos enteremos que ha dicho en su vida sobre la muerte, cual es el sentido que le da a este momento y actuemos en consecuencia.

El final de la vida, es un momento ideal para reforzar todo lo vivido, para hacer síntesis y por ello creo que hay que potenciar las acciones que nos hacen "una película de nuestra vida". El álbum de fotografías, la historia de vida, las narraciones o videos...deben ser revisadas en actitud de gracias por lo vivido, de perdón (en clave de: acogida de Dios Padre –Misericordia- para los creyentes) por lo fallado y como resumen de toda una siembra realizada.

Mi ser Diacono Permanente, me hacer tener que acompañar muchas situaciones de muerte. Muchas veces me llaman para que vaya al tanatorio y haga una celebración de despedida. Momentos en los que se puede ayudar a llenar de sentido la vida de todos los familiares y amigos. El problema llega cuando no se conoce a la persona fallecida, cuando no sé lo que pensaba y no sé cómo ha vivido estos momentos. Y lo que es más grave, cuando nadie en su familia lo conoce, nadie ha hablado con el de la muerte y se ha ido de este mundo sin un espacio donde verbalizar con libertad lo que está viviendo. Que difícil, os lo confieso, hacer una homilía en un funeral de alguien que no conoces.

Cuanto nos ayudaría a todos, como acompañantes, como familiares, como hijos/as de la persona que va a fallecer, hacer el ejercicio, durante la última etapa en la vida, de pensar que es lo que yo diría en el día de su fallecimiento. ¿Que contaría de cómo está viviendo esta etapa final de su vida, que supone para el después de todo lo vivido, qué sentido tiene?.

Nuevamente nos encontramos ante un reto para nuestras residencias, y nuestro servicio a las personas mayores y sus familiares. La logoterapia se nos muestra como efectiva para mejorar la ansiedad ante la muerte ya que mejora el sentido de la vida, y ante el sufrimiento (Estudio realizado por Isaac Osadolor, doctor en medicina e Ingeniería biomédica) [67] .Así que no dejemos pasar esta oportunidad.

FIGURA REALIZADA POR MARTIN GAZTELUMENDI, 2011

[67] Isaac Osadolor, 2005, Logoterapia para mejorar el sentido de la vida en pacientes con ansiedad ante la muerte, publicado en Nous - boletín de logoterapia y análisis existencial.

DETALLE DE LA FIGURA

"**Rotos pero enteros**", esta frase fue utilizada por el poeta Mario Benedetti y escrita en Chile en tiempo de dictadura y fue tomada más tarde como título para el libro autobiográfico del misionero alavés Iñaki Cámara [68], quien pasó los últimos años de su vida en una cama del Hospital de Leza, como dependiente y con cuidados paliativos.

Dice Iñaki en su libro: "Muchas veces, cuando me visitan, me preguntan ¿tienes dolores?. Si veo que es una pregunta de paso, mi contestación es que no, que solo es cansancio. Pero si observo que la pregunta va más allá del saludo, entonces trato de distinguir entre dolores físicos y los que yo llamo "dolores del alma". Los primeros, a lo largo de estos años siento que los asumo con cierta facilidad. Estoy acostumbrado. Los que más duelen son los "dolores del alma""

La figura de Martín y las palabras de Iñaki me han ayudado a personalizar la importancia del acompañamiento en los momentos finales de la vida y las situaciones de fragilidad. Desgraciadamente (aunque yo lo vivo como una oportunidad y un regalo) tenemos nuestra Residencia llena de personas "rotas pero enteras", abarrotada de "dolores del alma", tenemos nuestra Residencia repleta de oportunidades de ser "escucha" y generar dignidad.

Y de esta manera, llegará el momento en la vida en que nos parezca que ya se acabó la siembra, nos parezca (aunque no es del todo cierto, seguimos aunque sea difícil sentirlo, creciendo y sembrando) que se aproxima el momento de la cosecha, momento de ver el fruto de todo lo vivido, y entonces, como dice V. Frankl , en el pasado nada está perdido irrecuperablemente, sino todo está almacenado irrevocablemente :" Haber sido es la manera más segura de ser" [69]

---

68 Cámara, Iñaki, 1998, Roto pero enteros , Editado por Misiones Diocesanas Vascas

69 Frankl, V., 1981, El hombre en busca de sentido. Barcelona: Ed. Herder.

"Me han dicho que no tengo cura. Posiblemente sea cosa de unos meses. Ahora me identifico con Jesús, con su dolor en la cruz, con su calvario. Y siento miedo y paz cuando hago mías esas palabras "En tus manos me pongo, Padre" Palabra escuchadas a una persona que le acababan de diagnosticar una enfermedad terminal.

Como subraya Cristina Visiers [70] , en V. Frankl vemos un respeto profundo por el ser humano religioso y a la pregunta por el sentido como elementos que facilitan el acceso a la logoterapia de las personas creyentes.

Durante estos años he podido hacer muchos acompañamientos a personas que se definían en "búsqueda". Otras que decían estar "desencantadas" de la Iglesia. Algunas que habían sufrido un duro golpe y les costaba seguir entendiendo a un Dios que era permisivo con el sufrimiento. En todos estos casos, tarde o temprano, ha aparecido la pregunta por el sentido de la vida.

Cristina Visiers, en al citado artículo, al hilo de esto, nos remarca que: "Esa pregunta por el sentido, si se lleva más allá, puede desembocar en la pregunta teológica o teleológica por el sentido, ya no de la vida terrenal, sino de la vida más allá de la muerte. Pero también es cierto que la logoterapia se centra en el sentido de la vida terrenal y que Frankl, precisamente por su respeto por la creencia y por su vocación científica, separa claramente logoterapia y predicación, logoterapia y teología".

Si algo queda claro es que logoterapia y teología son diferentes. Pero veo que para los católicos, la logoterapia es respuesta a una búsqueda de sentido que es uno de los pilares de la personalización de la fe.

Cierto es que V. Frankl insiste en colocar la logoterapia en terreno de todos y para todos. Frankl señala que la logoterapia "ha de cuidarse de que su técnica y métodos logoterapéuticos sean aplicables a todos sus enfermos, creyentes o no creyentes, y por cualquier médico sin que a ello obste su ideología

---

70 Visiers, Cristina, 2007, artículo "Logoterapia y religión en España", Boletín de Logoterapia y Análisis Existencial, nº11.

personal"[71]. "Es la religión la busca la salvación de alma y la psicoterapia la curación psíquica", anota Frankl. Para nada pertenece a los creyentes, ni a los nos no creyentes. Como nos dice Cristina Visiers en el mencionado artículo "La logoterapia permite hablar de lo humano, de lo espiritual en el ser humano y también de creer o no en Dios sin que ello suponga ninguna contradicción". Pero también es cierto que, como católico, he descubierto en la logoterapia un auténtico regalo para el desarrollo de la fe católica, el seguimiento a Jesús y la apuesta por el Reino de Dios.

Me aporta mucho el libro "Búsqueda de Dios y Sentido de la Vida"[72], en el que se recoge una conversación entre V Frankl y Lapide, un psicoterapeuta (logoterapeuta) y un religioso que luchó y también estuvo en un campo de concentración.

En nuestras residencias nos encontramos con muchas personas que son católicas (nacidas en un generación donde formaba parte de la normalidad y educadas en esa religión) y, como hemos dicho, llenas de sufrimiento, con enfermedades crónicas y con muchas limitaciones.

En este escenario, el nuestro, toma mucho peso la afirmación que V Frankl hace en el citado dialogo con Lapide : " lo que el hombre quieren en realidad es contar con un motivo para ser feliz" " Son muchos los que dicen que en Auschwitz la mayoría de la gente perdió la fe. Eso no es cierto. No dispongo de estadísticas, pero mis experiencias me permiten afirmar que, en Auschwitz, recupero su fe más gente y la fortalecieron más persona- por supuesto, a pesar de Auschwitz- que cuantos allí la perdieron".

En mi opinión y desde mi experiencia, no tengo dudas de que la logoterapia nos permite acercarnos a la dimensión espiritual del residente, ayudarle a contactar la dimensión del inconsciente espiritual y a través de la conciencia escuchar la voz "del Trascendente". Cuando la logoterapia ayuda al hombre a encontrar su sentido, el creyente encuentra el sentido que le ha sido dado por El que es mayor que el hombre mismo. La conciencia, como órgano del sentido, no es en última instancia la voz de uno mismo. Es más que mi propio yo, es la voz de la trascendencia. Y ahí, El Trascendente, nos habla.

Me considero un afortunado al poder escuchar muchos testimonios de personas que viven el más absoluto sufrimiento y son capaces de sentir el abrazo de Dios y la presencia cercana de EL. Un Dios que les va "susurrando" el sentido y la misión para la que fue creado. Un Dios que "desvela" el sentido que tiene su vida

71 Frankl V.,1999, La Presencia Ignorada de Dios, Barcelona, Ed Herder.

72 Frankl V. y Lapide P., 2005, Búsqueda de Dios y sentido de la vida. Editorial Herder

Para llegar a ello, todos los que formamos el proyecto de una residencia, tenemos otro reto entre las manos: ayudar a re-descubrir en medio del sufrimiento y acoger la fe en Dios como centro de la vida.

"El justo vivirá por la fe" nos dice San Pablo en Rom 1,17. Y es que la clave teologal de la fe es fundante y totalizadora, lo cual se ve claramente en los acompañamientos a las personas que viven en una residencia.

Estoy totalmente de acuerdo con Lola Arrienta y desde mi experiencia :El reto es aprender a vivirse y vivir desde el amor de Dios.[73]

Dicho de otra manera por Martin Velasco: "Tener la conciencia de que estamos visitados desde el interior de nosotros mismos e indagar constantemente, a lo largo de toda nuestra vida, quien es ese que nos ha visitado" [74]

Tal experiencia es posible cuando se vive con confianza, agradecimiento y entrega a Dios. Cuando se vive en las manos de un Dios que nos libera, que nos quiere infinito. Cuando esto no ocurre, cuando hemos sido educados en la imagen y el sentir de un Dios castigador, justiciero...es difícil vivirlo sin miedo, y encontrar en el sufrimiento el sentido que genera felicidad.

Que importante es crear espacios en nuestras residencias, donde las personas creyentes, puedan cultivar la entrega a Dios atraídos por ese amor de Padre "Me has seducido Señor y me deje seducir" Jr 20,7.

Jesús de Nazaret, se siente atraído por este amor, lo asume, lo integra en su vida. Es el sentido de su vida. Tiene un proyecto que llevar adelante, no importa el cómo, tiene un porque. "Que no se pierda nada de lo que el me ha dado. Que todo el que vea al Hijo y crea en el, tenga vida eterna" Jn 6,39-40

Y de esta manera, la vida ira avanzando. Y nos encontraremos en diferentes momentos, y si hemos cultivado la relación y el encuentro con Dios, sabremos dar respuesta en cada momento a esa pregunta que, en el camino y en el encuentro, Jesús hace a los de Emaus, "¿De qué habláis mientras vais de camino?"Lc 24, 17. Y lo que es más importante, podremos reconocerle en medio de la enfermedad, del sufrimiento, de la desesperanza, y como ellos, "le reconocieron al partir el pan".

---

73 Arrieta , Lola, 1999, , cuadernos de Frontera Hegia nº26, Acoger la vida, acompañando la vida. Editado por el Instituto de Vida Religiosa de Vitoria.

74 Martín Descalzo, J. Luis,1991. TESTAMENTO DEL PAJARO SOLIDARIO. Editorial VERBO DIVINO.

Un instrumento de Dios: San Vicente de Paul

Desarrollo mi servicio profesional en una Residencia propiedad de las Hijas de la Caridad y de ellas he aprendido un estilo de vida diferente, una apuesta en la vida diferente, y un sueño para este mundo, diferente. Por ello, no quiero, ni puedo, dejar de unir toda esta reflexión con la vida de S. Vicente de Paul (testimonio y camino a seguir).

Recordando, brevemente la historia, S Vicente podríamos decir, que nace, de una crisis. Una vez ordenado sacerdote descubre que no era lo que él esperaba. "Si hubiera sabido lo que era el sacerdocio cuando tuve la temeridad de entrar en este estado como lo supe más tarde, hubiera preferido quedarme a labrar la tierra antes de comprometerme en un estado tan tremendo".[75] Su primera motivación fue la de conseguir un elevado estado social y una buena posición de bienestar con el sacerdocio. Entre 1611 y 1616, sufre una terrible crisis espiritual, y en medio de esta oscuridad fue buscando remedios. El primero fue escribir en un papel el símbolo de la fe y ponerlo sobre su corazón. Acordó con Dios en que cada vez que se llevase la mano al pecho renunciaba a la tentación. El segundo remedio consistió en vivir con los hechos las ideas que la confusión de la mente no le permitía contemplar con claridad. Se entregó a la práctica de la caridad, visitando y ayudando a los enfermos en el hospital de San Juan de Dios.

Y así fue redescubriendo el sentido de su vida, su misión en este mundo, en el servicio a los más pobres y en la formación de los sacerdotes. A través de los valores: creativos, vivenciales y de actitud, a través de lo que hacía, digiriendo lo que recibía y viviéndolo, fue desde la libertad, sobreponiéndose a la crisis, descubriendo la misión en la vida y respondiendo.

La conciencia: nos desvela el ser que debe ser, pero el amor descubre el ser que puede ser

La conciencia, medio para hallar el significado, para desenterrarlo y para escuchar también la voz de la trascendencia [76]. Medio por el que Dios se revela y se nos muestra a través de la misión y el sentido. Es sentido que no se crea, sino que se descubre nos dice Frankl. Y si se descubre es porque está ahí, en un ahí profundo, íntimo y personal. Y nuevamente, si está ahí, es porque alguien diferente a mí, lo puso.

La conciencia nos desvela el ser que debe ser, pero el amor descubre el ser que puede ser. Y esto nos hace movernos, nos llena de sentido, nos pone las

75 Roman, Jose María, 1982, San Vicente de Paul. Biografia . BAC.

76 Frankl, Víktor, 1999, El hombre en busca del sentido último. Ed. Paidós.

pilas en la vida. Y de amor, S Vicente entendía un rato. Es conocida su frase "el amor es creativo hasta el infinito". El amor hacia los más débiles como fuerza en su vida, como manifestación de su dimensión espiritual, como apuesta por el otro.

"El hombre tiene capacidad, fuerza, vocación para superarse a si mismo, olvidarse de si, perderse de vista, cuando se entrega a una tarea o a un semejante: Esto es lo que yo entiendo por autotrascendencia" , nos dice V Frankl en su dialogo con Lapide.[77]

Dios se nos muestra en la conciencia, en el más empobrecido, en la capacidad de amar, en la misión, y en el sentido de la vida. "Os confieso- decía S Vicente- que nunca he sentido más consuelo que cuando he tenido el honor de servir a los pobres...los preferidos de Dios...son ellos nuestros señor y nuestros amos y somos indignos de rendirles nuestros pequeños servicios".

Todo esto, subraya lo que decía Frankl citando a Ludwing Wittgenstein, "Creer en Dios es comprobar que la vida tiene sentido. [78]

Cada día , yo lo veo más claro: en la búsqueda de sentido, es difícil evitar a Dios.

Y en esa búsqueda de sentido, nos ponemos en camino de encontrarnos con Dios. S Vicente era experto en verlo entre los más empobrecidos, entre el sufrimiento humano. Y es que es, de sobra lo sabemos, entre el dolor y la pobreza, Dios se muestra y se demuestra.

En su dialogo Lapide dice "Por qué apuntar a la lejanía si este Dios es como un rescoldo dentro de mí que solo espera se atizado? ¿No es esto ya una forma de fe en Dios que también después de Auschiwitz, especialmente después de Auschwitz, en modo alguna ha perdido su vigencia?" A lo que Frankl contesta: "Poco tengo que añadir"

En la búsqueda de sentido, toparnos con EL (lo digo desde mi experiencia), creo que va a ser difícil de evitarlo:

Bastaba dar "vuelta a la medalla", decía S Vicente para ver en aquel rostro desfigurado el rostro doliente de Cristo. "No hemos de considerar a un pobre campesino o a una mujer pobre según su aspecto exterior ni según la impresión de su espíritu, dado que con frecuencia no tienen ni la figura ni el espíritu de las personas educadas, pues son vulgares y groseros. Pero dadle la

77 Frankl, Viktor y Pinchas L., 2005, Búsqueda de Dios y sentido de la vida, Editorial Herder

78 Frankl, Víktor. 1999, El hombre en busca del sentido último. Ed. Paidós.

vuelta a la medalla y veréis con las luces de la fe que son esos los que nos representan al Hijo de Dios, que quiso ser pobre"

Y a su vez, el encuentro con situaciones de pobreza y marginación. El encuentro con el sufrimiento humano, también para S. Vicente, es un lugar que guía hacia el sentido en la vida. "¡Oh Salvador!.¡Como hablo yo de esto, que soy miserable, que he tenido un caballo, una carroza, que aun ahora tengo habitación, una cama con buenas cortinas, un hermano, yo mismo; quiero decir, de quien cuidan tanto, que no me falta nada!...Que Dios me dé la gracia de corregirme"

Y una vida que también se recarga de sentido, al saber afrontar el momento de la muerte. El final de la vida, para S. Vicente, repleto de fe y confianza en Dios, también es espacio que llena de sentido la vida. "Hace ya dieciocho años que no me acuesto nunca sin ponerme en disposición de morir aquella misma noche"

Es cosa de valores:

En definitiva, repleta de las tres experiencias, que la hacen llena de sentido. Llena del cultivo de los tres valores que posibilitan el encuentro con el sentido de la existencia: Unas pocas frases dichas por S. Vicente[79], a modo de ejemplo, nos hace caer en la cuenta de ello:

- Valores creativos

"La Iglesia de Cristo no puede abandonar a los pobres. Ahora bien, hay diez mil sacerdotes en París, mientras que en el campo los pobres se pierden en medio de una espantosa ignorancia".

"Tendrán por monasterio las casas de los enfermos y la residencia de la superiora; por celda, una habitación alquilada; por capilla, la iglesia parroquial; por claustro. Las calles de la ciudad; por clausura, la obediencia continua en la Providencia y la ofrenda de todo cuanto son".

- Valores de experiencia

"Hay entre vosotras algunas que no sienten a Dios en absoluto, que jamás le han sentido, que no saben lo que es sentir gusto en la oración, que no tienen la menor devoción, o al menos así lo creen... Hacen lo que hacen las demás, y lo hacen con un mayor que es tanto más fuerte cuanto menos lo sienten. Este es el amor eficaz que no deja actuar, aun cuando no se deje ver".

'Sólo por tu amor te perdonarán los pobres el pan que les das."

---

79 Roman, Jose María, 1982, San Vicente de Paul. Biografia . BAC.

- Valores de actitud

“Los pobres son mi peso y mi dolor”

“El alma probada en la tribulación se parece a ríos que corren entre riscos y peñascos, que tienen aguas más puras y cristalinas”

Está claro que la logoterapia, la búsqueda de sentido, nos sitúa, cara a cara ante la realidad trascendente, ante Dios, que a su vez, cuando le dejamos entrar en nuestra vida, nos ayuda a llenarla de sentido.

Atención católicos. No dejemos sin desenvolver el regalo de la logoterapia. No dejemos pasar de largo, una vez que la conocemos, la oportunidad de desarrollarla en nuestra residencia.

Canción de Maite Losada, YO VIVO PARA TI, dedicada a todos los enfermos de Alzheimer, a todas las familias que sufren diariamente las consecuencias de esta enfermedad y también a todos los profesionales que cuidan de estos enfermos con cariño y generosidad.

Sé que me miras y no me reconoces,
cuando te hablo, no puedes responderme,
ya no recuerdas, si es lunes o si es viernes,
dónde está tu casa o quién eres.

Me cantabas nanas, mientras me acunabas,
siento aún tus manos, llevándome a jugar,
me enseñaste tú, mis primeros garabatos,
contigo aprendí a amar.

Y AHORA YO, YO VIVO PARA TI
QUIERO HACERTE FELIZ
Y A MI LADO, VERTE SONREÍR
Y AHORA YO, NO SÉ QUÉ HARÉ SIN TI,
JAMAS PODRÉ OLVIDAR
LO QUE HAS HECHO POR MI.

Ya no me preguntas, si volveré mañana,
si has tomado la pastilla de dormir,
si he pedido hora en la peluquería,
o si el pan, ha vuelto a subir.

Reviviremos historias como en el Diario de Noa
y los boleros de Luis Miguel.
Aquellas telenovelas que tanto te entretenían, guardaré en mi corazón
tus consejos, tus caricias porque

YO, YO VIVO PARA TI
QUIERO HACERTE FELIZ
Y A MI LADO, VERTE SONREÍR
Y AHORA YO, NO SÉ QUÉ HARÉ SIN TI,
JAMAS PODRÉ OLVIDAR
LO QUE ERES PARA MI.

Enfermeras, médicos, auxiliares o gerocultores, terapeutas, educadores sociales, psicólogos, trabajadores sociales, directores, supervisores y administradores...todos los que prestamos nuestro servicio en residencias tenemos en nuestro tejado la pelota.

La atención a las personas, y sobre todo a aquellas con deterioro cognitivo, no solo requiere una buena capacitación y preparación técnica (en ética hablábamos del principio de no maleficencia) . Esta más que claro que tenemos una obligación de formarnos continuamente. Pero debemos ir más allá. No nos quedemos en, ¿Qué debo hacer para no ser un mal enfermero, administrador, medico, auxiliar...?, debemos caminar hacia ¿Qué debo hacer para ser un buen enfermero, administrador, medico, auxiliar...? (principio de beneficencia)

Y con claridad hemos visto, en la lectura de este texto, que el ser humano alcanza su plenitud cuando se reta a sí mismo y se hace, la pregunta por el sentido último de su existencia.

Nuestros mayores necesitan de personas que asuman el desafío, que se carguen cada nueva mañana de optimismo (sinónimo de esperanza según Seligman, M.E.)[80], y se preparen para estar cerca de situación unidas a la adversidad, la tristeza y la desesperanza (cercanas o en un estado de vacío existencial).

Nuestras residencias precisan profesionales que crean que la vida tiene mucho sentido, y ayuden a encontrar mucha esperanza a pesar de la enfermedad, de las limitaciones...incluso contando con la enfermedad y las limitaciones. Aplicar ese "optimismo trágico" del que nos habla V. Frankl y que debe liderar nuestro enfrentamiento ante el sufrimiento.

La aplicación de la logoterapia requiere especialistas y profesionales que lideren el camino y atiendan a nuestros residentes, pero además, necesita de la complicidad de todos los que estamos inmersos en el proyecto.

A continuación detallo, algunas de las capacidades que deberíamos tener, cuidar, potenciar, formar...Lo hago muy brevemente, cada una daría para muchas líneas. Pero me parece importante dejar constancia de ellas, como condimentos imprescindibles si queremos cultivar la logoterapia y tener Residencias donde sea más sencillo encontrar el sentido a la vida.

Empatía, conocida coloquialmente como esa capacidad de saber "ponerse en los zapatos de la otra persona". Carl Rogers, mencionaba que la empatía es la

80 Seligman, M.E.,2011. La vida que florece. Barcelona: Ediciones B

capacidad que se tiene para comprender la experiencia única de la otra persona.

La aceptación incondicional o consideración positiva, disposición del profesional en virtud de la cual se omiten interna y externamente los juicios de connotación moralizante, se cree en el ayudado y en su capacidad de ser autónomo y responsable (mientras no se demuestre lo contrario).

La autenticidad, disposición interior que hace que el profesional trabaje sobre sí mismo para manifestarse en la relación tal como es, sin esconderse detrás de una fachada que le despersonalice.

Capacidad de escucha. A escuchar se aprende[81]. Churchill decía que , si para levantarse y hablar se necesita valor, también se necesita para sentarse y escuchar. A escuchar a la persona mayor que padece deterioros se aprende adiestrándose y también trabajando sobre sí en la integración del silencio. Aprendamos a manjar la mirada, a responder sin respuestas prefabricadas, a aprovechar el gran poder don contacto corporal , a personalizar , a evitar frases hechas A manejar la mirada en el encuentro se aprende, como se aprende a responder, sin que existan respuestas hechas, sino centrando bien la respuesta en lo que la persona necesita.

Capacidad de confrontación ética (sabiendo acompañar la búsqueda de lo mejor en medio de un conflicto ético), de autorrevelación (darse a conocer tal y como es, teniendo cuidado de que no sea un "desahogarse" del profesional y aporte un valor añadido a la relación) e inmediatez

Sentido de humor, mejor dicho, en permanente estado de Humor como " una actitud hacia la vida en estado de trascendencia". El humor, como nos dice V Frankl, es una de las armas en la lucha por la supervivencia, proporciona el distanciamiento necesario para sobreponerse a cualquier situación, aunque sea por breve tiempo.

Con capacidad de competencia relacional y emocional, sabiendo manejar los sentimientos, y competencia espiritual, que nos habla de la preparación para hacerse preguntas de profundidad, comprometerse con el mundo y con la dimensión trascendente.

Sabiendo trabajar de manera, en equipo, interdisciplinar, que significa dejarse ayudar y ayudar a los compañeros, significa desplegar las actitudes también con ellos, significa reconocer e integrar la propia vulnerabilidad en el encuentro de trabajo con quien, en más de una ocasión, piensa de manera diferente,

---

81 Bermejo, Jose Carlos, 1998, APUNTES DE RELACION DE AYUDA, Editorial SAL TERRAE.

significa aprender a escuchar y a manejar las emociones que también pueden resultar complejas y crear conflicto en el equipo.

En definitiva, personas apasionadas por lo que hacen, sabiéndose y sintiéndose responsables de una misión importante en la vida. Viviendo la gracia de ello y dando gracias por ello. Con experiencia, en el día a día, de que la misión de ayudar a que otros encuentren sentido a la vida les supera y les coloca cerca de la realidad trascendente. Personas que son conscientes de que acompañar, en la difícil tarea, de que desde el deterioro y el sufrimiento se encuentre sentido a la vida, les llena de sentido su propia vida.

Carl Rogers, precursor de la terapia centrada en el cliente, fue a la universidad de Wisconsin para estudiar agricultura. Más tarde estudiaría teología y psicología clínica. El nos habla de una "fuerza de vida" que llama "tendencia actualizante", como una motivación innata, que tenemos todos, y que nos lanza a desarrollar nuestras potencialidades hasta el límite de lo posible. Todos perseguimos hacer lo mejor. Lo explicaba con una experiencia que tuvo de niño en su granja familiar. El observaba como las patatas, tras ser almacenadas en el sótano, en un lugar frio, sin apenas luz, muchas de ellas conseguían producir pequeños brotes blancos, con poca vida, pero con decisión. A pesar de las dificultades, estos brotes se dirigían hacia la fuente de luz. En cada uno de nosotros existe tendencia. Todos tendemos hacia la luz. Lo que nos ocurre es que muchas veces el peso del frio y la oscuridad de la vida nos puede. Las limitaciones nos parecen demasiado fuertes y preferimos esperar sufriendo la falta de luz. Hacen falta personas que ayuden a sacar esa "fuerza de vida".

Sé que el reto es complicado. Las personas con un Alzheimer severo ocupan un ratio de personal elevado y requieren muchos esfuerzos para ser atendidas. Esto, traducido a dinero, hace que la cuota del coste de la plaza se dispare hasta valores difíciles de asumir por muchas familias. Si encima, desvelamos que es necesario dotar de más servicios, profesionales y medios el acompañamiento de estas personas, estamos llegando a hacer creer a muchos que somos unos ilusos soñadores, y que más valdría que se analizara la realidad y pisara en tierra firme, en lugar de marcarnos metas imposibles.

Y no les falta razón. Pero precisamente esta situación, subraya la urgencia de exigir a la sociedad, a nuestros políticos e instituciones, que se pongan a atender lo necesario (que a veces no es lo que más se ve en prensa) y doten de medios necesario a las Residencias para que podamos dar un servicio acorde a las necesidades a nuestros mayores.

Al principio de estas líneas lo tenía claro. Ahora, una vez terminado mi estudio, no tengo ninguna duda de que nos tenemos que poner a ello. Como he dicho necesitamos medios materiales, pero antes y con mucha más urgencia, necesitamos descubrir la fuerza de la logoterapia en nuestro día a día, necesitamos darnos cuenta de nuestra misión, necesitamos formarnos y aprender a hacer lo que ya hacemos, pero orientados hacia la ayuda a la búsqueda de sentido, y necesitamos ser creativos para seguir generando espacios donde todos se den de bruces con el sentido a cada momento.

Depende de todos. Depende de ti. Depende de mí.

Comenzaba mi trabajo con una canción de Luis Guitarra, que nos invitaba a estar cerca del sufrimiento y el dolor humanos, y quiero terminar con la letra de "Te regalo mi sombra" del disco "Mucha agua y mucha sed" de Migueli. Esta canción está dedicada a San Camilo, una persona al igual que San Juan de Dios, que dedicó su vida a los enfermos, los desfavorecidos y los pobres. La letra está basada en su vida y en lo que fue

Te regalo mi sombra
Para el sol del camino
Para andar a tu lado rendido
Te regalo mi sombra
Pa' que sigas conmigo
Para hacerte más leve el camino
Te regalo mi sombra
Y mi amor y mis vicios
Lo que soy, lo que tengo de amigo
Te regalo mi sombra
Si te sientes perdido
No soy guía, no, pero quiero ir contigo
Te regalo mi sombra
En tu duro destino
Sin futuro el temor es de niños
Te regalo mi sombra
Aunque a veces insisto
En ser yo quien perdí mi sentido
Te regalo mi sombra
Todo lo que me atrasó
Pa' también reposar en tus brazos
Te regalo mi sombra
Humilde en tu castillo
Porque a veces son fríos los pasillos.
Te regalo mi sombra
Y mi amor y mis vicios
Lo que soy, lo que tengo de amigo
Te regalo mi sombra
Si te sientes perdido
No soy guía, no, pero quiero ir contigo.

Esta canción contiene claves muy valiosas que nos pueden ayudar a profundizar en la reflexión sobre cómo trabajar en nuestras residencias si queremos realmente ayudar a que todos encuentren el sentido en su vida.

Ojala que todos los profesionales, cada nueva mañana, nos levantemos con la intención de "regalar nuestra sombra" a quien la pueda necesitar. "No soy guía, no, pero quiero ir contigo".

Cuentan que San Francisco de Asís, en sus últimos momentos de la vida, dijo estas palabras: "Comencemos a servir, lo que hemos hecho hasta ahora es poco o nada" Era consciente de que quedaba mucho por hacer...y cuánta razón tenía. ¡Manos a la obra!

Bibliografía:

Alemany C, 1995, El dificil arte de escuchar, un arte complejo, Editorial Sal Terrae

Amartya Sen,2000 Desarrollo y libertad, Buenos Aires, Editorial Planeta

Angelou Maya, 2009, I Know why the caged bird sings. Hachette Digital.

Antonovsky A.1987 Unraveling the Mystery of Health .
How People Manage Stress and Stay Well, San Francisco.,Jossey- Bass.

Arrieta , Lola, 1999, , cuadernos de Frontera Hegia nº26, Acoger la vida, acompañando la vida.
Editado por el Instituto de Vida Religiosa de Vitoria.

Barth K.,1961 Dogmatique III Geneve, Labor & Fides

Basagoiti Arantxa, 2010, Bioética y Discapacidad. Una cuenta pendiente. Tesis fin de Master Bioética UCM Madrid

Bayes R, 2009, Sobre la felicidad y el sufrimiento.
Discurso de investidura como doctor Honoris Causa por la UNED.
Recuperado de www.infocopo.es/view_article-asp?id=2215

Bermejo, Jose Carlos, 1998, APUNTES DE RELACION DE AYUDA, Editorial SAL TERRAE.

Bermejo, Jose Carlos, 2002, La escucha que sana. Dialogo con el sufrimiento. Editorial San Pablo

Bermejo, Jose Carlos, 2003, La muerte enseña a vivir. Vivir sanamente el duelo , Editorial San Pablo

Bermejo, Jose Carlos, 2011,Resiliencia educativa, Artículo publicado en: Revista Humanizar.

Bermejo, Jose Carlos, 2012, El arte de sanar a las personas, Editorial Sal Terrae

Bloom Anthony,2011, Al atardecer de la vida, Editciones Sigueme.

Boglarka Hadinger, 2008, Aprender a vivir, Editorial Oniro,

Cámara, Iñaki, 1998, Roto pero enteros , Editado por Misiones Diocesanas Vascas

Casanova, Jordi Peña , 1999, Activemos la mente, Editado por Fundación la Caixa

Christine Bryden, 2005, Dancing with Dementia, London, Jessica Kingsley Publisher

Desmarais Danielle, 2010, Artículo "El enfoque biográfico, cuestiones pedagógicas",
Recuperado en insitucional.us.es/revistas/cuestiones/20/art_02.pdf

Domínguez Morano, Carlos1992, Creer después de Freud. Ed San Pablo.

Elder G., 1985, Perspectives on the life course, Ross Macmillan Editor.

Francesc Torralba 2012 , La lógica del don, Editorial Edelvives.

Francesc Torralba, 2014 ,Pedagogía del Sentido , Editorial Educar

Frankl V. , 1980, Ante el vacío existencial , Barcelona, Ed. Herder

Frankl V. y Lapide P., 2005, Búsqueda de Dios y sentido de la vida. Editorial Herder

Frankl V.,1999, La Presencia Ignorada de Dios, Barcelona, Ed Herder.

Frankl, V. 1981, El hombre en busca de sentido. Editorial Herder.

Frankl, V., (1986), La psicoterapia al alcance de todos. Barcelona: Ed. Herder.

Frankl, V., 1988, La voluntad de sentido. Barcelona, Ed. Herder

Frankl, Víktor, 1999, El hombre en busca del sentido último. Ed. Paidós.

Franlk V.,1987,El hombre doliente, Barcelona ,Herder

Fullat,1992 , Filosofías de la educación , Paideia CEAC .

Godlee F.,2011 "What is health?" BMJ.

Goicoechea M. Jesús, 2014, Modelo de Atención Integral y Centrada en la persona, Editorial Tecnos

Guttmann, David,1998, Logoterapia para profesionales. Editorial DESCLEE DE BROUWER.

Isaac Osadolor, 2005, Logoterapia para mejorar el sentido de la vida en pacientes con ansiedad ante la muerte, publicado en Nous - boletín de logoterapia y análisis existencial.

Kitwood T., 1997, Dementia reconsidered: the person cames first, Open University press, Maiden-head-Berkshire.

Kitwood, Tom, 2013, Atención Centrada en la Persona con Demencia de Dawn Brooker, Editorial Octaedro.

Kübler-Ross, Elisabeth, 2012, Sobre la Muerte y los Moribundos, Editorial Random House, México

Kübler-Ross,Elisabeth , 1969, On death and dying.
Lazarus, Arnold A., 2012, EL enfoque multimodal, una psicoterapia breve pero completa.
Editorial Desclee De Brouwer. Apendice 1

Lipowski ZJ.,1970, Physical illness, the individual and the coping processes. Psychiatry in Medicine.

Malherbe, JF., 1993, HACIA UNA ETICA DE LA MEDICINA, Editoria San Pablo

Marias, Julian, 1997 Persona, Alianza Editorial

Martín Descalzo, J. Luis,1991. TESTAMENTO DEL PAJARO SOLIDARIO. Editorial VERBO DIVINO.
Martinez T. 2013. La atención centrada en la persona.
Enfoque y modelos para el buen trato a las personas mayores. Sociedad y Utopía. Revista de Ciencias sociales 41 ,209-231 .

Neimeyer Robert, 1997, Métodos de evaluación de ansiedad ante la muerte, Paidos Iberica.

Peterson R. 1999,Mild Cognitive Impaiment: Clinical Charaterization and outcome. Arch Neurol

Prat, Francisco, 2008, Bioetica en residencias. Editorial Sal Terrae

Rike,Maria,1999, La pobreza de la muerte, Espasa Calpe, Colección Austral.

Rivero, Rocio .2015.EL SENTIDO DE LA VIDA ES UNA VIDA CON SENTIDO. LA RESILENCIA. . DESCLEE DE BROUWER

Rodriguez Pilar y Vila Antonio, 2014. Modelo de Atención Integral y centrada en la persona. Editorial Tecnos.

Rodriguez, Pilar, 2013, La atención integral y centrada en la persona. Fundación Pilares, Papeles de la Fundación nº1.
Rogers Carl, 1942, Counselling and Psychotherapy. Editor Roger Press.

Roman, Jose María, 1982, San Vicente de Paul. Biografia . BAC.
Ryff y Keyes.1995. The structure of psychological well-being revisited. Journal of Personal and Social Psychology.
Recuperado en www.midus.wisc.edu/findings/pdfs/830.pdf
Schalock R.L y Verdugo M.A.2007. El concepto de calidad de vida en los servicios y apoyos para personas con discapacidad intelectual, Editorial Siglo Cero.

Seligman, M.E.,2011. La vida que florece. Barcelona: Ediciones B
Villar, Feliciano., 2006, Historias de vida y envejecimiento, Informes Portal mayores,
Lecciones e Gerontología. Recuperado http://www.imsersomayores.csic.es/documentos/villar-historias-01.pdf
Visiers, Cristina, 2007, artículo "Logoterapia y religión en España",
Boletín de Logoterapia y Análisis Existencial, nº11.

Wittgenstein L. ,1916,"Diario filosófico", 8.7.16.
Wittgestein,L.,1982, Diario filosófico, Barcelona, Ariel.

Printed by Books on Demand GmbH, Norderstedt / Germany